国家级职业教育规划教材
全国中等职业技术学校旅游服务与管理专业教材

旅游概论

LÜYOU GAILUN

人力资源社会保障部教材办公室　组织编写

王德静◎主编

第二版

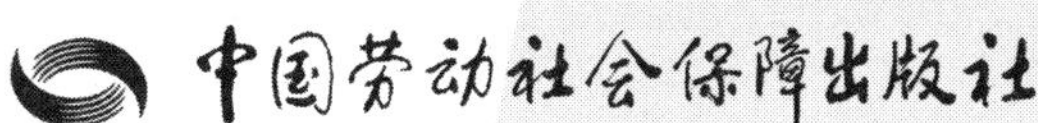

中国劳动社会保障出版社

简介

本教材共八章，介绍了旅游基础知识，着重阐述了旅游者、旅游资源、旅游业、旅游市场、旅游影响控制、旅游组织、旅游业未来展望等主要内容。教材内容实用，表现形式丰富，适于中等职业技术学校教学使用。

本教材由王德静任主编，陈瑞霞任副主编，贺红茹、华萍、肖鸿燚参加编写。

图书在版编目（CIP）数据

旅游概论 / 王德静主编．—2 版．—北京：中国劳动社会保障出版社，2016
全国中等职业技术学校旅游服务与管理专业教材
ISBN 978-7-5167-2868-0

Ⅰ．①旅…　Ⅱ．①王…　Ⅲ．①旅游－中等专业学校－教材　Ⅳ．①F590

中国版本图书馆 CIP 数据核字（2017）第 007535 号

中国劳动社会保障出版社出版发行
（北京市惠新东街 1 号　邮政编码：100029）
*
北京市科星印刷有限责任公司印刷装订　新华书店经销
787 毫米 ×1092 毫米　16 开本　10.25 印张　199 千字
2017 年 6 月第 2 版　　2024 年12月第 11 次印刷
定价：19.00 元
营销中心电话：400-606-6496
出版社网址：http://www.class.com.cn
http://jg.class.com.cn

前言

近年来，我国旅游业发展迅速，产业规模不断扩大，国家对旅游从业人员的职业素养和知识、技能水平提出了更高的要求。为了适应行业的发展以及职业学校教学的需求，我们对全国中等职业技术学校旅游服务与管理专业教材进行了修订。

在新一轮的教材修订工作中，我们收集了旅游企业对于技能型人才的具体要求以及学校使用教材的反馈意见，组织骨干教师与行业、企业专家进行充分研讨，确定重点做好以下几方面工作：

◆ 更新教材内容 根据旅游业的发展变化，补充有关旅游服务与管理的最新理念，以及在线预订、智能系统等互联网时代出现的新方法、新技术，更新与旅游有关的人文信息，使教材内容更加具有时代感和前瞻性。进一步加大技能训练的比重，在导游实务、旅行社业务等主要技能课教材中，更多地加入实践案例和操作指导，有助于学校开展一体化教学。同时，将职业道德、服务意识、礼仪规范等有机融入到教学内容、课堂问答、课后训练等环节中，以加强对学生职业素质的培养。

◆ 提升教材表现力 通过设置“案例思考”“知识链接”“课堂讨论”等不同栏目，增加教材的亲和力，激发学生的学习兴趣。同时，尽可能多地以图表代替冗长的文字叙述，使教材更加生动直观，易于学习。

◆ 加强立体化资源建设 在修订教材的同时，补充开发配套的电子课件。电子课件可通过职业教育教学资源和数字学习中心（http: //zyjy.class.com.cn）免费下载。

本套教材的编写得到了有关省市人力资源和社会保障部门以及一批中等职业技术学校的大力支持，教材的编审人员做了大量的工作，在此，我们表示衷心的感谢！同时，恳切希望广大读者对教材提出宝贵的意见和建议。

人力资源社会保障部教材办公室

目 录

第一章

旅游基础认知

chapter 1

随着旅游活动的开展，旅游基础理论研究的重要性日益突出，因此从20世纪初以来，旅游的定义一直是研究的热点，奠定了旅游研究的基础。旅游有着和其他活动所不一样的构成和特点，形成了多种旅游活动类型。旅游活动作为人类社会实践活动的一部分，从古代旅行开始，历经近代旅游，到现代旅游，形成了旅游活动的发展历程。

学习目标

- 掌握旅游的定义
- 熟悉旅游活动的特点
- 熟悉旅游活动类型的划分
- 了解旅游活动的发展历程

第一节 旅游概述

一、旅游的内涵

1.“旅游”一词的来源

“旅游”一词最早见于我国古代南朝沈约的《悲哉行》：“旅游媚年春，年春媚游人。”这里的“旅游”，即专指个人意志支配的，以观光游览、游乐为主的旅行，以区别于其他种种功利性质的旅行。

在我国，通常把“旅游”理解成“旅行”和“游览”。可以说，旅游一定少不了旅行，但其主要目的是游览。1978 年，我国旅游行业的最高管理机构被称为“中国旅行游览事业局”，改革开放以后，随着旅游活动的兴起和旅游产业的发展，旅游市场的扩大和旅游冲击力的形成，旅游已成为引人注目的一种社会现象，1982 年，“中国旅行游览事业局”更名为“中华人民共和国旅游局”。

现代“旅游”的含义，是从英文“Tourism”翻译过来的。“Tourism”最早见于 1811 年英国出版的《牛津词典》，意思是：离家远行，又回到家里，在此期间参观、游览一个或几个地方。这只是旅游的字面描述，并未揭示其本质。

知识链接

“旅游”一词，由“旅”和“游”两个字组成。在我国的古籍中，“旅”指的是离开家，“旅者，客寄之名，羁旅之称；失其本居，而寄他方，谓之旅”。

中国古代的“游”字，是指由旅游审美而达到的那种自由自在、逍遥无为的精神境界和由此而来的对待世界的审美态度。

在我国的古代文献中，“旅游”的姊妹概念是“观光”。“观光”一词则要追溯到2000年前的《易经》。《易经》中观卦道：“观国之光，利用宾于王”；《左传》中也有“观光上国”之语。这里把观光理解为参观、考察别国或别处的礼乐文物、风俗人情，近似于我们今天的旅行游览。在我国台湾及受汉文化影响较大的日本和韩国都曾经使用“观光”一词来代表旅游，其旅游管理机构因而被称为“观光局”。后来，随着大众旅游的兴起，“旅游”一词在世界范围内得到了公认，这些地方才以“旅游”代替了“观光”。

2．“旅游”的定义

关于“旅游”的定义，中外词典对其解释不尽相同。不同的时间，它具有不同的含义，具体见表1—1。

表1—1　不同词典中关于旅游的定义

出现时间	国别及代表人物	出处	相关解释
1981年	中国	《现代汉语词典》	旅行游览
1927年	德国，蒙根·罗特	《国家科学词典》	指那些离开自己的住地，为了满足生活或文化的需求，或个人各种各样的愿望，而作为经济和文化商品的消费者逗留在异地的人的交往
1942年	瑞士，汉泽克尔和克拉普夫	《普通旅游学纲要》	旅游是非定居者的旅行和暂时居留所引起的现象和关系的总和
1980年	美国，罗伯特·麦金托什	《旅游学——要素、实践、基本原理》	旅游是由旅游者、旅游企业、东道国政府和东道国居民在吸引和接待游客的过程中产生的现象与关系之和

长期以来，国内外的许多学者、有关研究机构和国际组织对旅游定义的界定多种多样，但普遍认为1942年瑞士圣加仑大学教授汉泽克尔和克拉普夫在其合著的《普通旅游学纲要》中提出的概念最全面、最有代表性。20世纪70年代，这个定义又被旅游科学专家国际协会所采用，因该联合会法文简写为“AIEST”，所以又称为“艾斯特”定义。这是至今为止在世界范围内最为广泛接受的定义。“艾斯特”定义的特点见表1—2。

表1—2　“艾斯特”定义的特点

特点	优点	缺点
“艾斯特”（AIEST）定义中，用“非定居者”强调了旅游活动的异地性，用“不会导致长期定居”强调了旅游活动的暂时性，“不从事任何赚钱的活动”则强调了旅游活动的非就业性，而“现象和关系的总和”强调了旅游活动的综合性	不把旅游看成是某种单纯的活动，并且指出旅游会引发广泛的社会关系	“不从事任何赚钱的活动”则容易造成误解，人们往往会排除商务旅游，使得在旅游活动中一种表现形式被排除。而在这里，对“不从事任何赚钱的活动”的正确理解指的是旅游者不从旅游地获得报酬，所以现在的商务旅游也是旅游的一种类型

1980年，美国密执安大学的罗伯特·麦金托什在《旅游学——要素、实践、基本原理》一书中指出：旅游是由旅游者、旅游企业、东道国政府和东道国地区居民在吸引和接待游客的过程中产生的各种现象与关系之和。这里的“各种现象”，主要指由于旅游者的旅游活动所引发的有关经济现象、社会现象、文化现象和政治现象。这个定义指出了旅游的综合性特点，并且具体说明了综合性包含哪些因素，指明了各种现象和关系

的来源。可以说，这个定义很好地解释了“艾斯特”(AIEST)定义中的“现象和关系”，是对“艾斯特”(AIEST)定义的补充。

知识链接

旅游的其他定义

1. 世界旅游组织对旅游的定义

1991年，世界旅游组织在加拿大的渥太华召开了国际旅行与旅游统计大会，在会上提出了旅游的定义：旅游是指人们为了消遣、商业和其他目的离开通常环境去往他处并在那里逗留连续不超过一年的活动。

定义中的“通常环境”主要是排除在居住地以内的旅行、在住所与工作场所之间频繁或长期的旅行、定期的社区旅行。“不超过一年”排除了长久的移民活动。本定义也强调了异地性、暂时性、非就业性，但更倾向于技术性需要，主要是用来调查与统计的，可操作性强。

2. 从旅游目的对旅游进行定义

旅游可以理解为是暂时在异地的人的空余时间的活动，主要是出于休养；其次是出于受教育、扩大知识和交际的原因的旅行；再次是参加这样或那样的组织活动，以及改变有关的关系和作用。旅游是指人们为了消遣、商业和其他目的的离开通常环境去往他处并在那里逗留连续不超过一年的活动。

这是20世纪50年代，奥地利维也纳经济大学旅游研究所对旅游下的定义，它强调了旅游的基本目的是消遣和增长知识。

3. 从流动角度对旅游进行定义

旅游发生于人们前往和逗留在各种旅游地的活动，是人们离开他平时居住和工作的地方，短期暂时前往一个旅游目的地活动和逗留在该地的各种活动。

以上定义是1974年，由英国萨里大学的伯克特（Burkart）和梅特利克（Medlik）提出的，它强调了旅游的本质特征：异地性和暂时性。

4. 我国对旅游的定义

旅游是人们出于移民和就业任职以外的其他原因离开长住地前往异地的旅行和暂时逗留活动，以及由此所引起的各种现象和关系的总和。

以上是南开大学教授李天元对旅游的定义，在我国被学者们广泛应用。其实，它可以看成是“艾斯特”定义的翻译版。

如今，对旅游的定义，人们已经在以下三方面取得共识：

(1) 旅游是人们的一种空间活动

离开自己的定居地到另一个地方短期逗留，去观赏异地风光，体验异国风情，使身心得到放松和休息，这一点反映了旅游活动的异地性。可以说，一个地区地域性越强，对域外旅游者的吸引力就越大，旅游者的感受也会越深，其旅游业也会更加红火。

（2）旅游是人们的一项暂时性活动

人们前往目的地，并在那里作短期停留。这种短期停留有别于移民性的永久居留。这一点反映了旅游活动的暂时性。

（3）旅游是人们的旅行和暂时居留而引起的各种现象和关系的总和

它不仅包括旅游者的活动（如旅行、游览、观赏、消遣、考察、购物、会议等），而且与这些活动在客观上所产生的一切现象相关。

课堂讨论

判断下列活动哪些是旅游?

学生异地读书

农民异地打工

学者到外地参加学术会议

三峡大移民

海外华侨、港澳台同胞回大陆定居

外籍教师来学院任教

二、旅游活动的构成与特点

1. 旅游活动的构成

旅游活动是一种涉及面极其广泛的综合性社会经济文化活动，旅游活动要素通常是指构成一次完整的旅游活动所包含的各个基本组成部分，从旅游者个人的角度考虑，旅游活动过程中包含了行、游、住、食、购、娱各个环节。

（1）六要素的提出

我国旅游业起步于20世纪70年代末，1991年，以孙尚清主持编写的《中国旅游经济发展战略研究报告》为标志，从旅游产业构成的角度，提出了旅游活动最基本的要素，即“行”“游”“住”“食”“购”“娱”六要素的概念。这六要素是针对旅游主体——旅游者而言的旅游客体和媒体，是旅游者在旅游活动中必须涉及的，是旅游者的基本旅游需求。“六要素”的提出为指导人们去认识、兴办旅游业发挥了启蒙作用，为人们构架旅游产业链提供了基本范式，所以“六要素”的概念一经提出便很快得到普及，此后一直沿用至今，并大量出现在旅游专业的教科书中，如国家旅游局人事劳动教育司编写的《旅游概论》教材把旅游六要素摆在基础理论的位置。

（2）六要素的内容

六要素形成的过程是一个从低级到高级的发展过程。旅游业通过游、购、娱三个环节直接利用旅游资源，通过食、住、行三个环节间接利用旅游资源。

1）行。行是六要素中非常重要的一个辅助条件。它是帮助旅游者完成空间转移，从居住地到目的地的必要条件。目前，进行旅游活动可采取的交通方式包括航空、公路、水运、铁路等。便利的交通为开展旅游业提供了重要的支持。

2）游。游览是旅游活动六要素中最主要的环节，是旅游者最期待的内容，也是旅游者外出旅游的目的，其他五个要素都是围绕游览这个中心衍生的辅助条件。旅游质量是否高，很大程度是看“游”的质量是否好，这又与旅游活动的“主体——旅游者，客体——旅游资源，媒介——旅游业”相关。因此，旅游从业人员如何开发、管理好旅游资源，最大限度地满足旅游者的需要就成为一个系统工程。

3）住。住宿是旅游者在旅行游览过程中，非常重要的一个方面。旅游者通过休息放松，及时恢复体力和精力，以顺利地进行第二天的游览活动。随着旅游基础设施的完善，目前，各旅游区均配套建设有青年旅馆、经济型酒店、低星级宾馆、高星级酒店等一系列不同档次的酒店，充分满足了不同人群的消费需求。

4）食。民以食为天。饮食是一种文化，也是旅游的一个重要内容。人们在旅游的过程中享受各地的特色美食、风味小吃、特产瓜果等，既满足了胃口，又领略了不同地区的饮食文化。

5）购。通过购物这一环节，旅游者可以购买到有意义的旅游纪念品，馈赠亲朋好友，或是留作纪念。但是，购物必须遵循游客自愿的原则，否则就会陷入误区，以至把购物作为主宰整个旅游业的命脉，影响旅行社和导游生存的杠杆，使旅游的质量和意义被冲掉。

6）娱。目前，中国旅游者在旅游期间的娱乐消费还比较少，主要是观看一些文艺表演。许多旅游景区为了丰富游览的内容，一般安排了具有当地风情的文艺演出，以少数民族歌舞或当地风情为主要的表演内容，如桂林的民族歌舞及嵩山少林寺的功夫表演等。还有一些大型主题公园里的艺术表演，如深圳民族民俗文化村的“东方霓裳”和世界之窗的“创世纪”等演出，非常具有欣赏价值。

（3）六要素的特征与关系

对于旅游消费者来说，旅游要素是在旅游过程中所消费的产品或项目；对旅游生产和供给者来说，旅游要素是分别由不同部门生产和提供的旅游服务产品或项目。其主要特征有三个：一是在构成旅游产品形态上的整体性和协调性。即各要素有机结合共同构成一次完整的旅游活动，不仅缺一不可，而且在数量、质量等方面必须匹配，数量畸多畸少、质量畸高畸低都会影响旅游产品的效能和质量。二是生产、制作、供给、消费过程具有独立性。旅游要素不仅是由不同部门、不同企业独立生产、制作、提供的，而且实际消费也是在不同场合、以不同方式独立进行的。三是能够作为独立的产品销售和消费。几乎所有的旅游要素在没有进入旅游产品的组合之中时，都是作为生产、加工、销售企业的独立产品和其他消费者的消费品形态独立存在的。例如，六要素中的任何一项都是独立的服务性产品，即交通、游览、住宿、餐饮、商业、娱乐等服务产品。

（4）六要素之外的其他要素

“六要素”主要是从观光旅游角度所进行的概括。随着旅游业的不断发展和旅游目的、产品的多样化，旅游产品的构成要素也在不断扩展，传统和新增要素的地位也会不断发生变化。例如，对于度假旅游来说，“游”的地位大为下降，而“环境”“氛围”等很难概括到六类中任何一类要素的地位就非常重要；对于康体保健和养生旅游来说，医、药及营养保健知识、技能和服务，温泉、矿泉、泥沙等有特殊作用的物质，就变成非常重要的要素。

知识链接

现代旅游活动的主体、客体、媒体

站在现代旅游的角度，旅游是由主体——旅游者、客体——旅游资源和媒体——旅游业三大要素构成的综合体。

1. 旅游的主体——旅游者

旅游者又称游客，指离开自己的居住地到旅游目的地作旅行访问的人。旅游的发展历史证明，旅游是先有旅游者的旅游活动，然后才有为旅游者服务的旅游从业队伍。旅游者是旅游活动的主导性因素，他们的数量、消费水平、旅游方式是决定旅游业内部各种比例关系及其相互协调的主要因素。因而，旅游者是旅游活动中最活跃的因素，居于主体地位。

2. 旅游的客体——旅游资源

旅游资源是旅游学最基本的研究内容之一。旅游资源是指客观存在于自然环境和人文环境中，能对旅游者产生一定吸引力的事物和现象。在旅游活动的各个构成要素中，旅游资源处于客体或对象的地位。旅游资源是旅游活动的客观基础，是一个国家、一个地区招徕游客、开拓市场、发展旅游业重要的物质基础和条件。

3. 旅游的媒体——旅游业

旅游业是以旅游者为对象，为旅游活动创造便利条件并提供其所需商品和服务的综合性产业。旅游业的范围极为广泛，涉及许多经济部门和非经济部门，其中最直接的部门是旅行社、旅游饭店和交通等。旅游业是联系旅游主体和旅游客体之间的媒介、桥梁和纽带。在现代旅游活动中，旅游者对旅游服务的需求，主要通过旅游业来提供。

旅游的主体、客体、媒体是相互联系、相互制约的，它们共同构成了旅游的统一体，其中一个要素变动必然引起其他要素的相应变动。比如，旅游者的旅游兴趣和决策，直接影响到旅游地的选择，旅游者的客流量和流向以及旅游者的时空变化，会影响旅游地的开发规划和规模、服务设施的规模和档次需求。如果旅行社的旅游宣传很有特色，旅游地本身也具有吸引力，就会反过来影响游客流向和流量的变化，旅游地开发规划、环境保护、旅游媒体的交通运输、服务会相应受到影响，因此三者构成了一个旅游的整体。

2. 旅游活动的特点

（1）审美性

从旅游最初的发展来看，人们有意识的旅游活动起源于对美的追求，旅游的主要目的是去寻找并感受美。旅游是人们在闲暇时间进行的活动，主要目的是去寻找并感受美、奇特、快乐。人们之所以到某地去旅游，或者是因为那里很美很奇特，或者是去散心。比如，现在的会议往往选在风景区召开，参会者既参加了会议，又满足了审美的需要。

（2）异地性

旅游就是空间位置的移动。人们离开自己的定居地到另一个地方去观赏异地风光，体验异国风情，使身心得到放松和休息，这就是旅游活动的异地性。

（3）短暂性

旅游是人类的一项暂时性活动。人们前往目的地，并在那里短期停留（国际上一般规定不超过 1 年），游览完之后再返回定居地。这种短期停留有别于移民性的永久居留，反映了旅游活动的暂时性。

（4）综合性

旅游是人们的旅行和暂时居留而引起的各种现象和关系的总和，它不仅包括旅游者的活动（如旅行、游览、观赏、消遣、考察、购物、会议等），而且旅游企业、旅游地政府和旅游地居民都参与其中，形成了错综复杂的现象和各种关系。

（5）非就业性

旅游的目的不是为了在目的地定居和就业。这一特点将旅游活动与人类其他社会活动区别开来。人们去旅游不是为了从目的地获得收入。

三、旅游的分类

选用不同的划分方法，可将旅游划分为不同的类型，但每一种旅游类型，都会与使用其他方法划分出来的类型发生相互交叉和联系，这也从另一个侧面说明了旅游的复杂性和多样性。

1. 根据地理范围划分

研究旅游的目的不同，所采用的分类方法也不同。下面介绍在进行旅游统计时用得最多的分类方法——按照地理范围对旅游进行分类。

根据地理范围可分为国内旅游和国际旅游两种类型。

（1）国内旅游

国内旅游指人们在居住国境内开展的旅游活动，通常是指一个国家的居民离开自己的常住地到本国境内其他地方进行的旅游活动。

国内旅游可以根据在目的地的停留时间，划分为过夜旅游和不过夜一日游。国内旅游还可以根据旅游活动范围的大小，划分为地方性旅游、区域性旅游、全国性旅游三种形式。

1）地方性旅游。地方性旅游一般指当地居民在本区、本县、本市范围内的旅游。这实际上是一种短时间、近距离的参观游览活动，多数与节假日的娱乐相结合，时间短、活动项目少，常是亲朋好友或家庭、小集体自发组织的旅游方式。

2）区域性旅游。区域性旅游指离开居住地到邻近地区风景名胜点的旅游活动。如北京某旅行社组织的承德避暑山庄三日游，上海某旅行社组织的苏州、杭州五日游以及厦门某旅行社组织的武夷山六日游等。

3）全国性旅游。全国性旅游是跨多个省市、地区的旅游，主要是指到全国重点旅游城市和具有代表性的著名风景胜地的旅游活动。如从广州经桂林、西安、北京、上海的旅游路线，或从北京经南京、苏州、上海、杭州、福建武夷山、厦门等一线的旅游活动。

国内旅游还有港、澳、台地区的旅游，这一类旅游因涉及出入境问题又被列入国际旅游的范围内。

课堂讨论

请讨论不属于本国居民的常住性外国人在所在国境内进行的旅游活动是否属于国内旅游？

（2）国际旅游

国际旅游指一个国家或地区的居民跨越国界、地区到另一个或几个国家或地区去访问的旅游活动。

1）按旅游者的流向划分。根据旅游者的流向，国际旅游又可分为入境旅游和出境旅游。

①入境旅游。一般指外国公民到本国的旅游活动，迄今为止也包括港、澳、台同胞来大陆的旅游访问活动。

②出境旅游。一般指本国公民到他国或地区的旅游活动，也包括大陆居民前往港、澳、台地区的旅游活动。

2）按旅游范围划分。根据国际旅游的范围大小，又可分为跨国旅游、洲际旅游和环球旅游三种具体形式。

①跨国旅游。泛指离开居住国到另一个或多个国家或地区进行的旅游活动，以不跨越洲界为界限，如亚洲本区内的出国旅游就属于这一类。

②洲际旅游。指跨越洲界限的旅游活动。如北美国家的旅游者到欧洲的旅游活动，或美国人到中国（亚洲）、日本人（亚洲）到美国的夏威夷（北美）的旅游活动都属洲际旅游。这种旅游受制约的因素较多，如航空工业的发展状况、语言障碍等。

③环球旅游。指以世界各洲的主要国家（地区）的港口风景城市为游览对象的旅游活动。如英国的“伊丽莎白女王二世号”游船，号称“千人百日游全球”的旅游活动，属于环球旅游。环球旅游消费大，多数属于经济宽裕人士的度假观光旅行或科学考察和探险性旅游。

国内旅游与国际旅游最根本的差别在于是否跨越国界。此外，在消费程度、逗留时间、便利程度、经济作用方面也存在着差别。

知识链接

综观世界各国旅游业的发展，发达国家的旅游发展路径是先发展国内旅游，再发展国际旅游。发达国家发展旅游业走的是一条国内旅游、入境旅游和出境旅游的常规型发展路径，即发达国家在耐用消费品的需求满足以后，国内旅游开始兴盛繁荣，继而国际旅游业也发展起来。我们所说的发达国家，主要是指市场经济工业国，人均年国民生产总值在6 000美元以上。

发展中国家的发展路径是先发展国际旅游，再发展国内旅游，当今许多发展中国家发展旅游业走的是非常规型的发展道路。具体来说，就是低收入的发展中国家率先发展国际旅游业中的入境旅游，并且这种入境旅游随着经济发展引致的外汇瓶颈加剧，在国民经济中的地位越来越重要。这里所说的发展中国家，主要指人均年国民生产总值在410美元以下的低收入国家，也包括后起的发达国家，发展旅游业的初期目标主要是为了赚取外汇、发展经济。之后，伴随国内人民收入水平的提高，国内旅游业开始兴盛起来，当迈入人均年国民生产总值2 000美元的新兴工业化国家或地区的行列时，国际旅游业中的支出旅游，即出境旅游也崛起繁荣。中国旅游业的发展道路就是如此。

2．根据旅游活动内容划分

对于旅游企业，比较常用的分类方法是按照旅游活动内容来划分，这样有利于找出自己的目标顾客类型。根据这种分类方式划分，旅游可以分为以下八种类型。

（1）观光型旅游

观光型旅游以游览观光为主要目的，是最普通和常见的旅游活动类型。目前，观光型旅游主要表现为访名胜古迹旅游、观自然风光旅游、寻根旅游、探亲访友旅游、参观重大建设成就旅游等方式。在国外，被称为世界七大奇观之一的埃及金字塔以及希腊的古迹、瑞士的风光等早已成为世界各国旅游者心目中的观光旅游圣地。中国北京故宫和万里长城、杭州西湖、安徽黄山等，已成为大多数观光旅游者的必到之地。

（2）保健型旅游

保健型旅游主要是为了回避炎热或严寒，寻求幽静的生活、欢乐轻松的休假期，治疗某些慢性疾病，以达到消除疾病、有益于健康的最终目的。保健型旅游主要有疗养旅游、森林旅游、温泉旅游、度假村旅游、治疗疾病旅游等表现形式。

（3）公务型旅游

公务型旅游即出于工务的需要，以办展览、进行贸易和商务洽谈，或出席会议、进行某些科学文化交流为主要目的的旅游项目。其特点是在完成公务的同时，进行参观游览，地点一般都选择在旅游胜地或风景文化历史名城。

（4）宗教型旅游

宗教型旅游主要是以朝圣、拜佛、求法、取经或宗教考察为主要目的的旅游活动。一些宗教信徒或出自对各种神灵、佛祖的虔诚，或由于对名山古寺、教堂圣殿以及丰富多彩的古代宗教建筑形式的迷恋，都热衷于这种既能达到宗教目的又能通过游览活动获得审美乐趣的宗教旅游活动。

（5）购物型旅游

购物型旅游是一种以购买异地商品为主要目的的旅游活动，是随着社会经济发展、交通发达、人们生活水平提高而逐渐发展起来的一种购物与观光游览相结合的旅游方式。

（6）休闲型旅游

休闲型旅游是以紧张工作后放松身心为目的，为求消遣快乐、求新型的体育锻炼、求愉悦的生活，而日益发展起来的旅游方式。这类旅游主要是为了寻求幽静的生活、欢乐轻松的休假期，以度假和休闲为主要内容，以有益于健康为最终目的。其表现形式主要有度假村旅游、疗养旅游、森林旅游、温泉旅游等。

（7）求知型旅游

现代科学技术的日益发达，人们文化素质的日益提高，意识观念的不断更新，反映在旅游生活中表现为追求文化和知识的欲求越来越强烈。从某种意义上说，有不少旅游者是为了增长自然、历史、地理、文化、艺术、经济、科技方面的见识而在某些地区旅行和逗留。通过旅游增长知识，观赏未知物，开阔眼界，充实精神生活，便是这种浓厚的“求知味”的表现。其旅游形式主要有考古旅游，文化旅游，地质、生物考察旅游，电影节、音乐节旅游，专业学习旅游，工业旅游，民族风貌考察旅游等。

（8）猎奇型旅游

当代旅游者中有些人有着特殊的爱好，专爱他心目中认为最出奇的内容，其心情犹似地质勘探人员乐于去考察发掘最有价值的稀有名贵矿藏。参加这种旅游的游客一般以青壮年为主，主要有探险旅游、奇观旅游、原始地旅游等。如约旦的观沙漠奇景旅游，旅客骑在骆驼上，一路上可看到部落人在骄阳下放鹰狩猎的情景，夜间住帐篷吃烤羊肉，听《天方夜谭》的故事消遣长夜，每年能吸引10多万游客。而在英国乘气球旅游，游客经过短期训练后，可以乘坐飘动着的大气球，依据自己的兴趣，进行观景、摄影、歌唱、跳舞等活动。这些旅游形式都属于猎奇型旅游。

知识链接

中国国家旅游局对旅游类型的划分

观光旅游：以参观、欣赏自然景观和民俗风情为主要目的和游览内容的旅游消费活动。

度假旅游：以度假和休闲为主要目的和内容的一种旅游消费活动。

专项旅游：为社会、经济、文化、科研、修学、宗教、保健等某一专门目的而进行的旅游活动。

会议旅游：由跨国界或跨地域的人员参加的，以组织、参加会议为主要目的，并提供参观游览服务的一种旅游活动。

奖励旅游：由企业或社会团体提供费用，以奖励为目的的一种旅游活动（与公费旅游相同的是费用均来自单位，不同的是参加人员资格限定为成绩突出的获奖者）。

特种旅游：由旅游行政主管部门和相关主管部门专门批准，并进行总体协调的具有竞技性和强烈个人体验的旅游活动。一般需要提前申报计划，如生态旅游，探险、狩猎、潜水、登山、汽车拉力赛特种旅游，以及洲际、跨国汽车旅行等。

3．其他旅游类型的划分

（1）根据旅游目的划分

根据旅游目的来划分，旅游可分为消遣旅游、事务旅游、个人和家庭事务旅游。

1）消遣旅游。消遣旅游是以娱乐休闲为主要目的的旅游，包括观光旅游、度假旅游和生态旅游等。

①观光旅游。以参观、欣赏自然景观和民俗风情为主要目的和游览内容，是最普

通、最常见的旅游活动类型。

②度假旅游。以度假和休闲为主要目的和旅游内容，主要是利用假期进行休养和消遣。

③生态旅游。是在保护生态环境的前提下开展的一种以生态景观欣赏和体验为内容的自然旅游活动，参加者必须是有环境保护意识和行为习惯的人。

2）事务旅游。事务旅游包括商务旅游、公务旅游、会议旅游等类型。

①商务旅游。是以经商为目的，将商业经营与旅行游览结合起来的旅游活动。其特点：一是旅游频率高；二是消费水平高；三是对旅游设施和服务质量要求高。

②公务旅游。是因公出访在公务之余进行的参观游览活动。其特点：一是多采取团体形式；二是专业性强。

③会议旅游。是以组织、参加会议为主要目的，并提供参观游览服务的一种旅游活动。其特点是消费水平高、停留时间长、计划性强、对接待设施和服务要求高。

3）个人和家庭事务旅游。个人和家庭事务旅游是以探亲旅游和修学旅游为代表的各种因私事务旅游。

①探亲旅游。多集中在节假日进行，如中国的春节就是探亲旅游的高峰期。

②修学旅游。这是近年从美国开始兴起的一种热点旅游方式。每年有很多人通过修学旅游的方式度假，亲身参与一种文化来更深刻地了解异地他乡，而非仅仅作为一般的观光旅游。中国目前也开始推出这种旅游度假产品，如以山东曲阜、邹城为核心的儒家文化研修活动，以西安碑林为核心的书法之旅，以江西景德镇为目的地的陶瓷制作工艺学习等。

课堂讨论

修学旅游已成为韩国学校教育的一大特色，从学校到家长，对此都十分支持。一般修学旅游会安排在初二和高二的寒假或暑假进行，旅程中力求简朴节约，集体包车，食宿都很简单，费用也不高。这样既可以磨炼学生的意志，又不会对学生家庭造成负担。一般在韩国国内旅行四五天，费用在10万～15万韩元（约合100～150美元）。

韩国现已成为我国最大的国际旅游客源地。针对修学旅游市场，我们有哪些机遇？

（2）根据组织形式划分

根据组织形式划分，旅游可分为团体旅游和散客旅游。

1）团体旅游。是旅游者群体通过旅行社或旅游服务中介机构，采取支付综合包价或部分包价的方式，有组织地按预定行程计划进行的旅游消费活动。

知识链接

团体旅游的优势和劣势

1. 优势

（1）方便。旅行社为旅游者代办外出旅游需要的订房、订机票（车票）、租车、订餐等多种事务，为旅游者提供便利服务。

（2）顺利。旅行社在出发以前就为旅游者预订了有关的各种服务，从而保证了旅游行程的顺利进行。

（3）经济。旅行社提供的食、住、行都是系统性的，低于市面价格，所以费用要比个人出游经济实惠。

（4）导游。旅行社组织的旅游有导游讲解，一般来说，有导游讲解的旅游才能算是完美的旅游。

（5）安全。随旅行社出游比较安全，原因在于团队出行，有组织、有陪同人员；个人出游在购物和行程中容易被当地人欺诈。

（6）售后服务。由于近年来对旅行社的管理比较严，一般旅行社都交有质量保证金，一旦出了问题，旅游者可以到旅游局投诉。所以，旅行社的售后服务可以说是有保障的。

2. 劣势

行程、线路、观光停留时间等方面不自由。

2）散客旅游。是旅游者自行安排旅游行程，零星现付各项旅游费用的旅游消费活动。散客旅游（full independent tour，FIT），也称“个别旅游”，一般会购买饭店、导游等相关旅游产品。散客旅游自由，可选择性强，因此，为很多旅游者喜爱。

知识链接

“背包旅行”与“软背包旅行”

“背包旅行”起源于发达国家，英文是“backpacker's travel”或“budget travel”，意思即背包旅行、自助旅行。这种旅行方式最先被年轻人使用，因为他们精力充沛、渴望享受旅行的快乐，但又付不起昂贵的费用，于是自己背起高过头顶的背包，出门旅行。他们通过自助旅行手册，寻找在旅途中省钱的途径和方法，对各地的住宿、交通、值得一去的地方了解后踏上旅程。渐渐地这种自助旅行方式被世人所接受，有一定经济来源的中产阶级也加入到“背包一族”中。

后来，欧美发达国家逐渐兴起一种全新的旅行方式——“软背包旅行”（soft package travel）。这是一种介于团体旅游和背包旅行之间的旅行方式，行程安排随意自主，旅行社根据游客需要随时提供高质量服务。旅行者既能充分享受自由旅行带来的乐趣，又可避免随团旅游的刻板和背包自助旅行的费心、艰苦，对身体条件没有太高的要求，几人便可成行。虽然“软背包旅行”费用比随团体旅游稍高，但越来越多希望体现个性的旅行者愿意选择这种旅行方式。

（3）根据旅行方式划分

根据旅行方式划分有航空旅游、铁路旅游、汽车旅游、游船旅游、骑车旅游、徒步旅游等。

知识链接

“暴　走　族”

暴走，是现在出现的新词汇，带有远足旅行的意思，是一种高强度又简单易行的户外运动方式。所谓暴走，指的是选定一条路线，沿着路线徒步或驾车行走，时间由一日到数日不等。据了解“暴走”源于美国，风靡欧美，流行于韩国、日本和中国香港等地，是一种时尚运动，目前世界上暴走一族大约有7 000万人。它的出现，给现在处于一种生存、兴趣状态下的人群分出了类型——“暴走族”。

暴走族，是指有明确旅游、探险方向，有丰富的旅游探险知识，并用自己的双腿亲身实现旅游探险的人。他们一般是独自或者结伴出行，在出发之前，会制定比较具体的行走方案，并准备充足的物品，包括生活用品、遇险用品、食物等。他们所去的地方一般交通不发达，处于未开发或半开发状态，风景很有特色，对人的体质、意志和知识储备都有相当的考验。暴走其实也是一种极限运动，它挑战着人们的心理素质和身体素质，但暴走又不像野外登山探险等极限运动那样需要投入较大的经济代价去购买设备，它的最低限度只需要一双好鞋和一瓶水，外加几块面包就可以成行了。

暴走现象的出现，应该是自然人性的一种回归和外显，体现了人们对钢筋水泥都市的反叛，以及对大自然的向往和不懈追求。真正的暴走族，是坚持人与自然和谐发展的绝对拥趸者和实践者，非常值得尊敬。

（4）根据计价方式划分

根据计价方式划分有包价旅游和非包价旅游。

1）包价旅游。包价旅游是旅行社以一定价格向市场推销的成批量组合的旅行路线产品，它分为全包价和小包价两种。前者包括一次旅游活动的全部旅游服务；后者只包括其中主要的几项服务。

2）非包价旅游。非包价旅游是指旅行社根据旅游者需要按单项计价的旅游活动，主要对象是散客，所以非包价旅游又称散客旅游。

（5）根据年龄特征划分

根据年龄特征划分有儿童旅游、青年旅游、中年旅游和老年旅游等。

课堂讨论

对于不同年龄层次的旅游者，在设计旅游产品时应注意哪些问题？

（6）根据费用来源划分

根据费用来源划分有自费旅游、公费旅游和奖励旅游。

知识链接

“奖励旅游”

“奖励旅游”是一种发展速度非常快的团体旅游。它是由企业或社会团体提供费用，以奖励为目的的一种旅游活动。与公费旅游相同的是费用均来自单位，不同的是参加人员限定为成绩突出者。它是组织的一种奖励，是为那些成功地完成某一企业目标的公司成员提供的。

奖励旅游的历史可以追溯到20世纪二三十年代的美国，如今已有50%的美国公司采用该方法来奖励员工。在英国商业组织给员工的资金中，有2/5是以奖励旅游的方式支付给员工的。在法国和德国，一半以上资金是通过奖励旅游支付给员工的。

一般奖励旅游包含了会议、旅游、颁奖典礼、主题晚宴或晚会等部分，企业领导出面和受奖者共商企业发展大计，这对于参加者来说无疑是一种殊荣。其活动安排也由有关旅游企业特别安排，融入企业文化的主题晚会具有增强员工荣誉感、加强企业团队建设的作用。更重要的是，常年连续进行的奖励旅游会使员工产生强烈的期待感，对于刺激业绩成长能够形成良性循环。

今天，企业经营者面对激烈的市场竞争，必须不断构思新的激励方案，以提升企业的生产力。已在欧美盛行多年以“奖励会议旅游”作为奖励达到营业目标对公司有功人员的激励方式，近年来在中国也日渐受到企业的重视。

（7）根据旅游要求的特殊性划分

根据旅游要求的特殊性可分为特种旅游（如生态旅游、探险、狩猎、潜水、登山、汽车拉力赛及洲际、跨国汽车旅行等）和专项旅游（为社会、经济、文化、科研、修学、宗教、保健等某一专门目的而进行的旅游活动）。

第二节　旅游的发展历程

一、古代旅行时期

人们常说旅游作为人类的一种活动自古有之。“旅游”一词，因世界各国、各民族的发展历史不同而无统一时限。如果说旅游是从早期旅行发展而来，那么是不是会像有人认为的那样，自有人类之日起便有旅行活动在进行？要回答这个问题，就有必要首先简单地回顾一下早期人类的生产和社会活动。在原始社会的早期阶段，人类就已经有了迁徙活动。近代考古发现，某些相隔数万公里的两地出土的史前人类遗骨化石存在很多相同的遗传特征，这证明史前人类已经存在迁徙活动。但是，史前人类在交通条件如此恶劣的情况下仍然要不断地迁徙，一方面因为被自然环境所迫，慑于大自然风、雨、雷、电、大山、地震等的威力，为躲避猛兽凶禽毒虫的侵害，另一方面也为了寻找新的采集和狩猎资源，这种不断地为生存而奔波的迁徙不是真正的旅游活动，这种出于生存需要的空间的转移不能看成是现代旅游的开端。真正意义上的旅游需要一定的物质基础以及人们精神生活上升到一定层次后产生的主观愿望，而在原始社会初期，这些前提条件都是得不到满足的。总而言之，旅游是人类社会生产力发展到一定阶段才能出现的历史产物。因此，旅游的发展历史和人类社会物质生产以及精神生活的提高息息相关。

1．旅游活动的萌芽

从历史上看，旅游活动萌芽于人类早期的物质生产活动并随着旅行的发展而不断发展。在原始社会时期，人类从动物界分离出来后，便开始了人类自我发展的进程。在这漫长的时间中，由于生产工具落后和生产力水平低下，人类主要依靠渔猎和采集为生，并常常处于饥饿和自然灾难的威胁之中。尽管在第一次社会大分工（畜牧业和农业分离）后，人类的生产力得到了提高，但并未从根本上改变社会整体的落后面貌。因此，人们为了生存要经常进行迁徙。无论是采集、渔猎、迁徙，都需要以不同距离的出行来实现，这是人类最早的空间移动现象。在这一过程中，人类逐渐积累经验，提高审美意识，在一定的物质基础上，逐步为旅游的出现进行了心理上的精神准备。所以，上述求生性的迁移活动尽管不属于现代意义上的旅游活动，但却是旅游最初萌芽的基础。

2．社会化大分工促进了旅行的产生

新石器时代晚期，第二次社会分工出现，手工业从畜牧业和农业分离。金属工具面世，大大提高了劳动生产率，促进了农业和畜牧业的发展。劳动剩余产品的数量和种类有了增加，出现了产品交换。

到了原始社会瓦解和奴隶制社会形成时期，第三次社会分工出现，商业从农业、畜牧业和手工业分离出来。青铜技术出现并应用，进一步促进生产力的提高。随着产品交换地域范围的扩大，出现了长途异地交换的形式。

三次社会大分工促进了社会生产力的发展，为人们外出旅行提供了必要的物质条件。随着商品经济的发展，由于贸易来往的需要，外出经商旅行开始频繁。商业的发展促使商人四处奔走，去了解其他地区的生产和需求状况，到其他地区去交换自己的产品或货物，由此便产生了对外旅行的需求。在商业利益的驱动下，商人们已“遍走了他们所知道的世界”。所以，就整个世界而言，可以说是商人开创了旅行的先河。人类有意识和自愿的外出旅行活动始于原始社会末期，并在奴隶社会时期得到迅速发展。

旅行，是人们出于迁徙以外的任何目的，离开自己的常住地到异地作短暂停留并按原计划返回的行为。旅行与迁徙的区别在于：一是目的不同；二是离开后一般还要返回原来住地。但旅行又不同于旅游，旅行与旅游的区别在于：第一，目的不同，单纯的旅游是指人们出于消遣性目的而暂时离家外出的活动；而旅行则是泛指人们出于任何目的，如商务、求学、打工等，往来于不同地点间的空间转移活动；第二，离开时间不同，旅游人们在完成目的地访问活动后，必须返回其原来的居住地，旅行则不一定；第三，内容不同，旅行仅仅是为完成某个动机的一般空间流动过程，旅游则包含旅行和游览。有旅游必定有旅行，有旅行不一定有旅游。所以，人类的旅游行为虽然孕育于人类的迁徙和旅行行为中，但迁徙和旅行都不是人类纯粹意义上的旅游行为。

3．交通工具的发展使旅游变得可能

古代交通工具的落后，使人类大规模、远距离的旅行活动受到了极大的限制，因此，绝大多数的旅行活动基本上都限制在近郊游层面上。在新石器时代出现造船术后，经过原始社会与奴隶社会的发展，木船已成为贵族出门使用的主要交通工具之一。

随着社会的发展，车作为新型交通工具逐渐出现。公元前 5000 年，北欧人已经使用鹿拉式雪橇，传说，我国在黄帝时代也出现了造车技术，直到商代已经出现了精美的马车工具。

交通工具的发明为古代旅行活动提供了必要条件，是旅游活动出现的前提。

4．交通设施的建设便利了旅游

生产力的提高促进了社会发展和繁荣，客观上也有效地改善了交通设施。公元前 300 年，波斯帝国修建了长 2 000 公里的“御道”，并设有一百多处驿站，创造了便利的交通条件，吸引了大量的商人、游人。古罗马帝国政府以罗马为中心，在全国境内修筑了许多宽阔的大道，史称“条条大道通罗马”。

中国自周朝以后，在经济生活中就非常注意建设交通设施。首先，在水运交通方面，早在春秋时代便有水运的记载。战国与秦朝的“郑国渠”“灵渠”都是水利史上光辉的篇章。从汉朝以来，我国历朝历代封建王朝都将漕运作为国家的最重要的政策之一。因此，中国封建社会时期，水利交通十分发达，成为我国最重要的交通方式之一。尤其是在隋朝，经历文帝、炀帝两朝，先后打通了从淮水到长江的水陆以及建成了华北与江南密集而发达的运河网。到了元、明、清时期，由于三个朝代都建都北京，为了更好地管理国家，运输所需，又开始了海运的发展。著名的“海上丝绸之路”（见图 1—1）的起点就是我国的泉州，相传，马可·波罗就是从泉州开始的中国之旅。

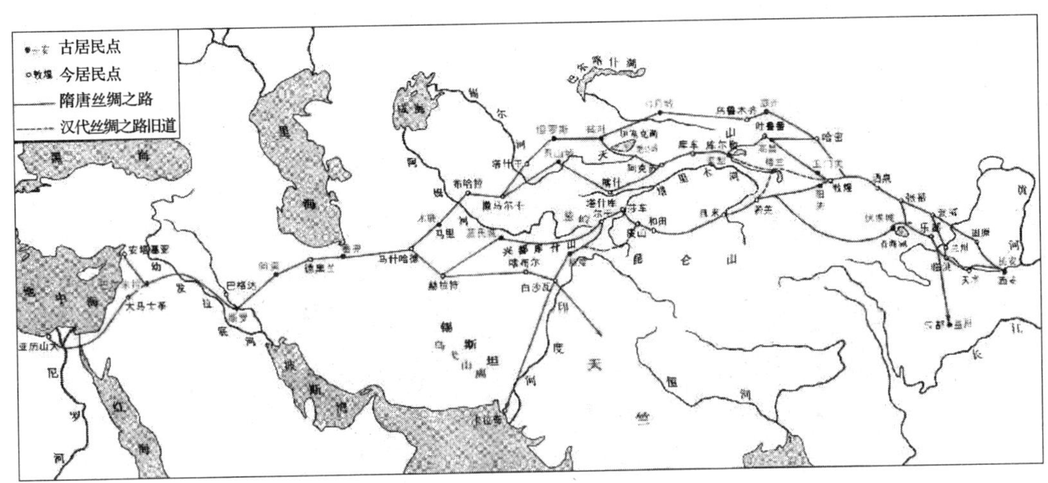

图 1—1　海上丝绸之路

在水陆交通获得极大发展的同时，我国封建社会时期的陆路交通也有长足进步。自秦朝以来，陆路的建设便取得了一定的成果。“驰道”“直道”“五尺道”“新道”的建设共同构成了以咸阳为中心、四通八达的道路网络。秦朝以后，陆路交通的建设不仅仅表现在道路本身的建设上，还通过其辅助设施的建设表现出来，驿站便是其中一个重要的代表。驿站是历朝历代政府沿水陆和陆路建设的馆舍机构，其最初目的在于传送官方文件和国家物资，后来也开始招待来往的政府公务人员，甚至是公休人员。其后期功能类似于现在的饭店。

由此可见，完善的交通设施，发达的水陆交通为旅行的开展提供了极大的便利。

5．出现以欣赏各种景观为主的娱乐休闲旅游活动

在奴隶社会，生产力发展所带来的劳动剩余产品全部被奴隶主所占有，造成社会财富向少数奴隶主集中。这些劳动剩余产品除了用于祭祀活动外，还有供奴隶主及其家庭成员外出巡视和游历时挥霍。《易经》中有“观国之光”一语，这便是“观光”一词的由来。

在西方奴隶制社会中，除了奴隶主享乐旅行外，一些自由民也参加到消遣旅行的活动中来。例如，在罗马帝国时期，由于交通上的便利条件，人们经常在夏季沿大路旅行。当时，这种旅行一般是离开城市到沿海地区游览。一些富有者甚至远程旅行到埃及金字塔去刻他们的名字。由此，旅行得到了空前的发展，逐渐形成了旅游活动。

生产力的发展和生产关系的变革，促进了封建社会制度的建立，加快了社会经济文化活动的节奏，促进了社会物质文明和精神文明的发展，在人们的物质生活条件得到改善之后，一部分特权阶级中开始了以寻找乐趣为目的的旅游活动。如鉴赏艺术、疗养、观赏庙宇、欣赏建筑、游览古迹等各种非经济和政治目的的旅行。这一时期，还出现了最早的自然观光旅游，如英国北部璨若明珠的湖泊、希腊北部雄俊的顿泊河谷，以及作为文化标志的尼罗河、第聂伯河、莱茵河等，都成了极富魅力的观光地区。在中国，先后出现了帝王巡游（见图1—2）、官吏宦游、经商旅行、文人游学、宗教云游、节庆聚游等多种形式的旅游活动。

图1—2　乾隆南巡图（局部）

二、近代旅游的开端

1．产业革命对旅游产生的影响

18世纪中叶开始的产业革命最终把人类推向近代旅游的新阶段。在欧洲，18世纪中后期，发生了产业革命。产业革命是指资本主义机器大工业代替工厂手工业的过程，是资本主义政治经济发展的必然产物。它不仅促进了资本主义生产力的发展，提高了生产社会化程度，同时使资本主义最终战胜封建统治而居于统治地位。产业革命给人类社会带来了一系列的变化，其中对旅游的发展也有重大的影响和促进。

首先，产业革命加速城市化的进程，并且使人们的工作和生活重心从农村转移到工业城市。这一变化导致人们有逃避节奏紧张的城市生活和拥挤嘈杂的环境压力的需要，产生了对返回自由、宁静的大自然环境中的追求。因而这种工作和生活地点的变化对产业革命后的旅游发展是一个新的刺激因素。

其次，产业革命还改变了人们的工作性质。随着大量人口涌进城市，原先那种多样性的农村劳动被重复单调的工业劳动所取代。这终将促使很多人强烈要求假日，以便能从中获得喘息和调整的机会。

再次，产业革命也带来了阶级关系的新变化。过去只有地主和贵族才有时间和金钱从事非经济目的的消遣旅游活动，而产业革命的发生却造就了新的阶级关系——资产阶级和工人阶级。这两大阶级都有可能加入到旅游的行列当中来，因为资产阶级有一定的财力和时间，工人阶级的不懈斗争，使资产阶级有可能提高他们的工资以及给予他们带薪假期。

最后，科学技术的进步，特别是蒸汽技术在交通中的应用，使近代旅游业迅速发展起来。在铁路客运问世之前的近两个世纪中，欧美人外出旅行以公共马车为主要交通工具，铁路时代的到来使人们逐渐抛弃这一陈旧的旅行方式，越来越多的人开始乘轮船或是乘火车外出旅行和旅游。这种新兴的旅行方式同公共马车相比具有以下优点：价格低廉、速度快、运载力大和使人们外出活动的半径得以增加，这就使大规模的人口移动成为可能。

2．近代旅游业的诞生

产业革命带来了社会经济的繁荣，加之铁路的廉价运费，使更多的人开始有能力支付旅行费用。劳动工人要求增加假日的斗争也迫使资本家做出有限度的让步，至少赢得了某些传统节日带薪休假的权利。所有这一切都为更多的人外出旅游提供了机会。但是，由于当时绝大多数人，包括新兴资产阶级在内，都没有旅行的经验和传统，对异国他乡的情况及有关旅行的手续不大了解，语言及货币方面的障碍也是人们计划外出旅游时所担心的问题。因此，虽然社会经济和旅行条件的变化使有可能外出旅游的人数大大增加，但其中相当多的人由于上述情况的限制实际上不能出游。在这种情况下，就需要有人提供这些方面的帮助，而且这并非某些个别人的需要。

现代旅游业之父——英国人托马斯·库克（1808—1892 年）正是由于认识到这些问题而预见到社会大众的需要，设立了相应的组织机构，来满足这种社会需要，从而开创了近代旅游及旅游业的先河。

1841 年，在基督教的宣传和组织下召开了一次禁酒大会，托马斯·库克对此事十分积极，并进行了细心的组织工作。为了给参加禁酒大会的乘客打折优惠，1841 年 7 月 5 日，他包租了一列火车运送 570 名游客去参加禁酒大会。

可以说这次活动标志了近代旅游及旅游业的开端。因为在这次活动中参加的人数具有较为广泛的公众性，同时托马斯·库克不仅发起、筹备和组织了这次旅游，而且自始至终随团陪同和照顾，并且此次活动的规模是空前的，这也为托马斯·库克旅行社的建立奠定了基础和提供了经验。这次活动的成功，使很多嗜酒者戒了酒，走上了新的生活。由于库克对禁酒工作成绩卓著、名声远扬，社会上对团体旅行感兴趣的人，都要求库克为他们提供条件和服务，这就使库克开始酝酿新的发展旅游的计划。之后，库克组建了一个旅游服务处，为旅客安排交通工具和筹划旅游活动项目，使他成了短途旅游的组织者和经营者。

1845 年托马斯·库克旅行社（即现今的通济隆旅行社）在莱斯特正式成立。托马斯·库克的活动说明在近代国外的旅游需求已日渐成熟，托马斯·库克旅行社的问世标志着近代旅游业的诞生。

同年 8 月，托马斯·库克又成功地组织了 350 名游客赴苏格兰旅游。这次活动从考察线路、组织产品、宣传组团直到配有陪同和导游都体现了当今旅行社的基本业务，所以说这次活动开创了旅行社基本业务的基本模式。因此，它的意义是 1841 年第一次组织团体火车旅游活动所不能比拟的。

由于事业的发展，经营规模也不断扩大。1851 年，在英国伦敦举办了第一次世界博览会，库克所组建的库克父子公司共组织了 16 万多人次前往博览会。四年后，世界博览会又在巴黎举行，库克公司共售出了前往巴黎的 50 万张门票。1865 年，库克在伦敦开设了营业所，负责为游客安排食宿、讲解旅游知识。1867 年，库克设计和推行旅馆代价券。1869 年，又增加了银行业务和外汇兑换业务。1872 年还组织了一次 9 人团体的环球旅行，历时 220 天。1872 年，乘美国经济兴起之机，库克父子公司迁移美国，改名为美国通济隆公司，由于业务发展迅速而成为世界最大的旅游公司之一。

三、现代旅游的发展

现代旅游是旅游发展史上的一个时期概念。在旅游研究中的“现代”，同历史学对历史断代划分不同的是，它是指第二次世界大战结束以后的旅游发展时期。人类的旅游活动历史悠久，但在第二次世界大战以前，无论是旅游者的人数、参加的阶层、旅程的距离以及旅游消费都受到较大局限。直到第二次世界大战以后，世界经济逐渐得到恢复，尤其进入 20 世纪 60 年代，和平与发展逐渐成为时代主流。因此，在旅游研究中，现代旅游是指第二次世界大战结束以后，特别是 20 世纪 60 年代以来，迅速普及于世界各地的社会化旅游活动。

1. 现代旅游迅速发展的原因

（1）国际政治局势相对稳定，国际联系不断加强

第二次世界大战结束以后，从全球整体看，世界处在相对持续和平稳定的状态，和平与发展成为世界人民的共识与国际政治形势的主流，以对话方式处理矛盾和冲突，使和平环境成为世界发展的前提。这种和平环境一方面十分有利于各国进行经济建设，提高人民生活水平，另一方面也促进了各国人民之间开展政治、经济、文化的交流。这为

世界旅游发展提供了必要的前提和保证，使得世界旅游迅速崛起。

（2）经济迅速发展，人民生活水平不断提高

“二战”以后，在相对稳定的国际环境下，各国都致力于经济建设，全球经济总量迅速增长，无论是发达国家，还是发展中国家，经济的发展、收入水平的提高，使人民生活大为改善，旅游消费支付能力大大增强，造就了众多的旅游者。

（3）交通运输工具的进步，旅行的时空距离缩短

交通运输工具的改进，使运量增大、速度加快、价格降低，大大增强了运输能力，缩短了旅游者的旅行时间，使数量庞大的游客出游成为可能。许多国家致力于完善铁路交通网络，使高效、安全、便捷、舒适的铁路运输极大地方便了中程旅行。在远洋运输方面，巨型豪华游轮已发展到110多艘，古老而现代化的运输方式“寓游于旅”，吸引了不少游客。现在，水陆空各种交通运输形式在世界范围内已形成交通网络，相互衔接、连成一体，极大地方便了游客，促进了现代旅游业的快速增长。

（4）带薪假期制度的普及

随着科学技术的进步，各产业生产过程的自动化程度不断提高且日益普及，生产同样数量的产品所需要的时间大大减少，生产效率不断提高，虽然早在第二次世界大战之前，西方有些国家便开始以立法形式规定就业人员享有带薪假期，但一来这样的国家仅属个别，二来这种闲暇时间也只是短短几天，因而在很大程度上限制了人们的旅游活动和外出旅行的距离。战后生产自动化程度的提高使劳动时间有条件得以缩短，加之劳动阶级坚持不懈的斗争，从而使人们的带薪假期有可能得以增加。20世纪60年代后，很多国家都在不同程度上制定了带薪假期制度，这种变化使人们的闲暇活动得以更多的开展。作为闲暇活动重要形式之一的外出旅游有了时间上的保证。参加旅游活动的人数迅速增加，并且出游的距离和在外逗留的期限也大大加长。

（5）人们的旅游意识增强，旅游需求增多

一方面，经济发展解决了人们基本的生存需求，人们对旅游这种高层次的精神文化需求动机增强；另一方面，城市化进程加快，客观上促成了人们需要进行旅游以调节精神状态、提高生活质量。在城市环境中，城市居民的生活节奏相对比农村居民随农时变化而忙闲有致的生活方式要紧张单调得多，城市空气污染比农村严重，城市的视觉环境、声光电环境更易使人心理疲惫、情绪紧张，城市生活的拥挤、嘈杂、污染、紧张更加促使人们产生旅游的愿望和需求，因而人口稠密的城市成为现代旅游重要的客源地。广大城市人口旅游动机的增强以及客观条件的许可是旅游快速发展的一个重要原因。

（6）教育事业发展、信息技术进步和旅游宣传效果的影响

20世纪后期．信息技术成就斐然，给人们的生产、生活面貌带来巨大影响。经济一体化、市场一体化成为世界发展的主流。对旅游者来说，信息网络技术的迅速发展，可以随时随地让人们掌握世界各地的情况，为旅游者提供各种服务及资源状况，帮助他

们更精确地制订旅游计划，圆满地完成旅游活动。

通过能迅速传递信息的电视、电影、广播、互联网乃至幻灯、报纸、杂志来介绍世界各地的自然风光、文物古迹、风土人情，使较多的人们对自己的乡土和异地、异国的风土人情、名山大川增加了解，并因此产生了兴趣，激发了旅游需求，这对于旅游热的兴起和发展无疑也是有重要影响的。

（7）各国政府的鼓励和支持

旅游活动巨大的经济和社会作用，使有条件的国家都在支持本国旅游业的发展。多年来，世界各国政府为发展现代旅游，便利接待外国旅游者来访，加强国内旅游而采取了支持态度和鼓励措施。发展旅游可以创收外汇，增加国家财政收入；可以增加就业机会，平衡地区之间的经济差别；还可以改善和提高一个国家的政治形象，不断提高国际地位。

2．现代旅游的特点

从旅游发展和旅游业经营工作的实际情况看，现代旅游具有以下特点：

（1）普及性或大众性

自 20 世纪 60 年代后，大众旅游便成为现代旅游的代名词。所谓大众旅游指的是参加者的范围已扩展到普通的劳动大众，旅游度假已经不再是资产阶级独享，已成为普通大众人人都可以享有的权利。世界旅游组织在 1980 年发表的《马尼拉宣言》中明确提出，旅游也是人类社会基本需要之一。为了使旅游同其他社会基本需要协调发展，各国应将旅游纳入国家发展的内容之一，使旅游度假真正成为人人享有的权利。

现代旅游的普及还表现在旅游活动的全球性。现代科学技术的进步、通信技术手段的现代化以及交通运输条件的极大改善，使人们越来越感觉世界正在缩小成“地球村”，在较短的时间内，以较少的经济支出就可以周游世界各地，获得更多旅游需求的满足。目前，旅游在五大洲都有不同程度的发展。

现代旅游活动普及性的另一种表现是大众性旅游的发展，尤其是那些有组织的团体报价旅游十分普及。这种旅游形式是指旅游者在旅行社的组织和安排下，采取集体活动的形式，借助各类有关旅游企业提供的设施和服务，按照预定的时间、地点或线路以及活动内容，有计划地完成全程旅游活动。同样，适合于这种旅游形式的旅游产品也具有大众性。日本大多数海外旅行社推出的旅游线路特别注重大众旅游的区位、目的。

（2）地理集中性

首先，从全球国际旅游地理分布来看，全世界 90% 以上的国际旅游者来自发达国家，发达国家是主要的旅游客源国；同时，他们又接待了世界 80% 的国际旅游者，也是主要的旅游接待国。其中欧洲是当前国际旅游最主要的市场，占国际旅游人次和国际旅游收入的 60% 和 70%；美洲地区是第二大市场，分别占 15% 和 20%；发展中国家接待国际旅游者人数的比重有明显的上升趋势，但从全球范围来看，国际旅游活动集中性仍很明显。

其次，就一个旅游接待国而言，由于各地旅游资源的差异和旅游者的差异，其接待量也有所不同，甚至差距悬殊，从而形成了所谓旅游“热点”地区和“冷点”地区。

（3）增长的持续性

自20世纪50年代起，世界旅游业发展仅就国际旅游人数及国际旅游外汇收入而言，表现持续增长的发展势头。当然，在这种总的上升趋势中，由于受社会其他有关因素的影响，具体到某一地区或某一国家的旅游发展情况，在某个时期出现衰退或波动的情况也是不可避免的。

（4）旅游活动的规范性

现代旅游在其发展的过程中，已逐步成为一种有组织的规范化的社会活动。现代旅游作为一种社会经济活动，在国民经济中起着不可忽视的作用，因此它的运行和发展必然要具有规范性的特点。世界各地区、国家通过宏观和微观的管理手段使旅游业朝着越来越规范的方向发展。目前，无论是国内旅游还是国际旅游，通常都是由旅行社作为主要的组织者，对旅游者的旅游路线、活动内容、时间等进行有计划的安排，以保证旅游活动能够满足人们的需求。对于旅游活动的开展，特别是旅行社业务的进行，各国都通过一定的调控和管理办法加以规范。以我国为例，根据国家的有关政策，国家旅游局制定和出台了一系列管理条例和办法，对旅行社实行监督管理，通过对旅行社进行业务年检、查处违规违纪、扰乱市场处理，规范旅行市场。另外，作为旅游业的另一个支柱性产业——饭店业，随着现代旅游的日益发展，也在不断健全星级评定制度和质量监督体系，并基本形成现代化、标准化和专业化的经营与管理模式。

（5）市场竞争的激烈性

无论是国际旅游市场还是国内旅游市场，在争夺旅游者、旅游代理商和扩大市场占有率等方面都全力以赴，采取各种措施提高竞争力。首先，在产品的设计上，各国旅游部门都充分挖掘旅游优势，力争满足游客的不同需求。其次，各国都使出浑身解数，加大旅游宣传力度，在各类旅游博览会上，各旅游目的地和旅游企业推出多种多样的旅游线路，签订旅游协议；同时利用电视、报刊、小册子等全面介绍旅游目的地的旅游线路和旅游商品。新加坡把每年旅游企业缴纳的约1 000万美元用作宣传经费，日本政府每年也资助旅游业相当大的一笔宣传费用。最后，各旅游企业不断提高旅游产品的质量，以加强自身的竞争实力。

（6）旅游方式的多样性

随着世界经济的不断发展，高科技信息也和便利的交通一样，给人们创造了更多接触外界的机会，从而使不同层次、不同类型的旅游者产生了越来越多的旅游需求。为满足这种旅游需求的差异性，现代旅游种类也越来越丰富多样。游客对旅游产品的基本要求是新、奇、特、险、优、美，所以，除了传统的旅游活动方式外，更多适应旅游者个性、兴趣的旅游方式也在不断丰富着旅游市场，如文化旅游、美食旅游、保健旅游、滑雪旅游等。

四、中国旅游业的产生与发展

1．中国的古代旅游

中国是世界的文明古国，也是旅游发展最早的国家之一。在先秦古书中就有关于华夏先民在遥远古代的旅游传说，而有文字记载的旅游活动也可以追溯到公元前2250年。早在原始社会，我国就出现了旅游活动。在五帝时期，我国汉民族的始祖黄帝曾经“东至于海，登丸山，及岱宗。西至于空桐，登鸡头。南至于江，登熊、湘。北逐荤粥，合符釜山，而邑于涿鹿之阿”（见《史记·五帝本纪》)。黄帝的旅行揭开了我国旅游历史的扉页，而旅游随着历史进程的演化，其类型也越来越多。

随着朝代的更迭，社会经济、政治和科技文化的发展变化，旅游活动也经历着兴衰起伏的发展变化过程。古代社会人们的旅行游览活动，主要有以下几种基本形式：

（1）帝王巡游

帝王巡游的是历代最高统治者对自己的国家或领土所进行的巡视游览活动。中国古代封建帝王为了维护统治，弘扬功绩，炫耀威力，震慑臣民，往往巡游各地，同时，古代中国帝王巡游还有一个突出的特点就是热衷于封禅和祭祀活动。据载，西周时期的穆王应为帝王巡游的第一人，他的《穆天子传》记述了西征的路线和有关故事。

知识链接

秦始皇、汉武帝都是帝王巡游的代表。

秦始皇于公元前221年统一中国后，10年之间（公元前220—公元前210年）出游5次：公元前220年，他从咸阳出发，沿渭河河谷抵达陇西（今甘肃临洮），后北行经泾水上的北地（今甘肃庆阳）返回。公元前219年，他东行到山东邹县的峄山刻石记功，登泰山祭祀封禅，到烟台芝罘岛，沿渤海向东到成山头，向南到琅琊郡（今山东胶南西南夏河城），又南到彭城（今江苏徐州），在泗水寻觅周朝九鼎，后南行过淮河到衡山，由汉水经南阳返回。公元前218年，他又向东游历，经河南、山东到芝罘、琅琊（今琅琊山），沿漳水从上党返回。公元前215年秦始皇东巡至碣石（在今河南昌黎海中，一说在今河北乐亭西南，一说在今山东无棣），刻石立碑。公元前210年，他出武关，沿汉水南下到湖北云梦，乘船顺长江东渡到丹阳（今安徽当涂东），又到钱塘（今浙江杭州），再渡浙江到会稽（今浙江绍兴）祭大禹陵，后又北上琅琊、荣成、芝罘游历。在这5次巡游中，他4次在7个地方立巨石刻字建碑以记其功绩。

秦皇汉武，显赫一世，二者巡游，也颇相似。与秦始皇比，汉武帝巡游的路程之遥，地方之多，更有过之而无不及。此外，隋炀帝在扬州观琼花，清康熙、乾隆下江南等都是尽人皆知的帝王巡游的典型事例。

汉武帝刘彻（公元前156—公元前87年），是西汉第五位皇帝。他7岁被立为太子，16岁登基为帝，70岁驾崩，在位五十四年。汉武帝是历史上有名的明君，他继承了文景之治遗留下来的富强基础，即位后便励精图治，对内揽人才、兴文教、振经济，对外伐四夷、通西域、显国威，把西汉王朝推向极盛。这位富创造力的皇帝曾创立多项制度及纪录，影响延及后世逾千年。

（2）官吏宦游

官吏宦游也称外交旅行，指的是中国古代封建官吏，常受帝王派遣，为完成某项任务而出使各地。其中以张骞出使西域和郑和七下西洋影响最大。

张骞（约公元前175—公元前114年）是西汉杰出的外交家、探险家和旅行家，汉建元三年（公元前138年），奉武帝之命，带100多人出使大月氏（今新疆西部伊犁河流域）。他从长安出发，经陇西（今甘肃临洮），穿河西走廊，出阳关，走大宛（今乌兹别克斯坦费尔干纳），过康居（今巴尔喀什湖一带），到大月氏，行程7 000多千米。在大月氏，他考察了那里的山川地形、风土民情、特有产品、政治军事，并涉足大夏（今阿富汗北部）许多城市。然后，他取道葱岭（原帕米尔高原和喀喇昆仑的总称），从祁连山过羌人区，进入陇西，于元朔三年（公元前126年）返回。元寿四年（公元前119年），他又率300人前往乌孙（今新疆伊犁和巴尔喀什湖一带），走访了大宛、康居、大月氏、大夏、安息（今伊朗、伊拉克等地），于元鼎二年（公元前115年）在乌孙使节的护送下返回。他两次出使西域，被誉为“凿空”（司马迁语）的人，为“丝绸之路”的畅通建立了不朽功绩。

郑和（1371—1435年）是明代伟大的航海家，在世界航海史上居于重要地位。从永乐三年至宣德六年（1405—1431年），他奉命率船队七下西洋（南洋群岛婆罗洲以西的南中国海、印度洋及其沿海地区），完成了举世瞩目的壮举。他南到爪哇，北到波斯湾和伊斯兰教圣地麦加，西到索马里摩加迪沙，涉海5万多千米，经历了亚非30多个国家和地区。此举，比1487年欧洲人迪亚士发现好望角、比1492年哥伦布发现新大陆、比达伽马绕过好望角到达印度洋早半个多世纪，比麦哲伦环球旅行早一个多世纪，可以说在世界史上是前无古人的。

此外，三国时期的朱应、康泰，唐代的杜环，元代的汪大渊等都是中国古代外交旅行的杰出代表。

知识链接

中国“航海日”

郑和是举世闻名的伟大航海家，公元1405年7月11日，奉明成祖朱棣之命，出使中国南海以西的国家和地区，称为“下西洋”。2005年7月11日是郑和下西洋600周年纪念日。经国务院批准，自2005年起，每年7月11日为中国“航海日”，同时也作为“世界海事日”在中国的实施日期。

（3）商务旅行

往返各地做买办的活动为“商旅”，做买卖所经之路为“商路”。在中国古代，不仅各地漕运水路四通八达，驿道陆路遍布，而且西南各省有栈道，沿海地区有海运。商路的开辟为商旅的兴起提供了前提，是商务旅行发达的重要标志。据翦伯赞《中国史纲》说，早在商代时期，东北到渤海沿岸乃至朝鲜半岛，东南达今日浙江，西南到今日鄂皖乃至四川，西北达陕甘宁绥乃至新疆，到处都有商人的足迹。春秋战国时期的陶朱公、吕不韦等都曾周游天下，负货贩运，是中国古代著名的商人。

被历史上称为“海上丝绸之路”的是海上商贸旅行线路。《汉书·地理志》说，汉武帝曾派遣官员率领“应募者”带着大量黄金和丝织品，从雷州半岛乘船驶过南海，进入暹罗湾，绕印度支那半岛和马来西亚半岛，通过孟加拉湾到印度半岛东海岸的黄支国（今印度东南海岸之康契普腊姆），与当地交换明珠、壁琉璃（宝石名）等物品。印度商人也穿过马六甲海峡来中国进行商业贸易。由此可见当时买卖商游规模之巨大。

（4）士人漫游

士人漫游主要指文人为了各种目的而进行的旅行游览活动。士人漫游的代表人物主要有屈原、陶渊明、李白、杜甫、欧阳修、陆游等。士人漫游起始于先秦，各个时期士人漫游的目的又各有侧重，其形式和内容也有相应的变化。如先秦时期的士人漫游主要是从政、游说之士较多；魏晋南北朝时期士人主要是政治上不得志而追求消遣排忧，故多走上寄情山水的漫游道路；唐以后因科举制度调动了中下层知识分子的从政热情，因而为谋取官职的旅游和考察旅游十分盛行。

知识链接

唐代大诗人李白（701—762年），他25岁时开始“仗剑去国，辞亲远游”，到过湖南、江苏、湖北、河南、山西、山东、浙江、陕西、河北、安徽、江西、四川等地。他那感情热烈、想象丰富、语言清新而又洋溢着爱国主义和浪漫主义精神的诗篇，是他“五岳寻仙不辞远，一生好入名山游”的真实写照。旅行游览为他提供了题材、意境和灵感，他为祖国留下了大量脍炙人口、动人心弦的诗歌遗产。在他的笔下，万里长江上“孤帆远影碧空尽，惟见长江天际流”；九曲黄河是“黄河西来决昆仑，咆哮万里触龙门”；庐山瀑布为“飞流直下三千尺，疑是银河落九天”；西北高原是“明月出天山，苍茫云海间。长风几万里，吹度玉门关”。他的诗如日月经天、江河行地，流传千古、与世长存。

（5）高僧云游

中国古代社会的高僧云游非常盛行，它是以朝拜、取经、求法、布道等为目的的一种古老的旅游活动形式，至今仍有很大的吸引力，其代表人物主要是法显、玄奘、鉴真等。唐代高僧玄奘（602—664 年）13 岁就出家为僧，先后在四川、湖北、河南、陕西等地，拜会高僧名师，寻求佛教真谛，通晓大乘小乘佛教。他深感国人对佛教众说纷纭，莫衷一是。为解惑释疑，提高佛教地位，他于太宗贞观三年（629 年）从长安出发，经秦州（今甘肃天水）、兰州、凉州（今甘肃武威）、瓜州（今甘肃安西）出玉门关，沿天山南路西行，经西域 16 国，最后到达天竺（古代印度）。他遍游天竺五部（即东、西、南、北、中印度），尽取佛学要义，著有《会宗论》和《制恶论》。642 年，他应邀主持了有 18 个国王、近万名僧侣和教徒参加的经术辩论大会，显露出他的渊博知识和精辟议论。645 年，他从印度回国，带回 650 多部佛教书籍，在长安、洛阳集结高僧、学者进行佛经翻译，并把中国道教哲学著作《老子》译成梵文，传入印度等地；还奉唐太宗之命，著《大唐西域记》，记述了他 16 年间亲自游历的 110 个国家和传闻的 28 个国家的地理、历史、宗教、习俗。这部书文辞绚丽雅致，叙述生动真实，被译成英、法等国文字，是研究中国西北地区、印度、尼泊尔、巴基斯坦、孟加拉国、中亚等地的地理、历史，文化的重要史籍。

（6）专业考察

明朝以前，虽然也曾经出现过以求知为目的的考察旅行，但这种旅行多是文史方面的笼统考察。到了明清时期，才出现了专业性较强的科学旅行。明代伟大的医学家李时珍，历时十余载，历尽千辛万苦，“远穷僻壤之产，险探山麓之华”，走遍了安徽、河南、河北、江西、江苏等地，搜集民间单方验方，最后写成医学经典《本草纲目》。

地理学家徐霞客也是明朝一位伟大的旅行家。他从 22 岁开始出游考察，四海为家，以山水为伴，以坚韧不拔的毅力，战胜种种艰险和困难，对山脉、水道、地质、地貌等方面进行考察和研究，从而成为世界上最早对石灰岩地貌进行考察和研究的人，比欧洲对石灰岩进行考察的爱士倍尔早一百多年。他著的《徐霞客游记》不仅是地理学的重要文献，而且也是一部文学著作。

2. 中国的近代旅游

中国的近代旅游指的是1840年鸦片战争到1949年新中国诞生这一历史时期的旅游。这一时期的中国已由一个独立的封建国家沦为被西方列强掠夺瓜分的半封建半殖民地国家。

图1—3 中年时期的陈光甫

20世纪20年代，我国出现了现代意义上的旅游，有开办旅行社、出版旅游杂志、开发旅游资源、参加旅游博览会等活动。当时的上海交通较为发达，民族资本集中，是中国与国际联系密切的城市。这为上海旅游业的发展，提供了较好的环境条件。1923年8月，上海商业银行的陈光甫（见图1—3）在国外旅行社蓬勃发展，外国旅游企业侵入中国市场的情况下，为了给上海商业银行扩大生财之道，也开办了中国人自己的旅行社，毅然成立了上海商业储蓄银行旅行部。此旅行部一经成立，很受国内外人士欢迎，加上刻苦经营，业务大有发展。1924年春，该部组织了第一批国内旅游团，由上海赴杭州游览。1925年春，该行旅行部开始承办出国旅游业务，第一次组织由20余人组成的赴日本“观樱”旅行团。在3周时间内，游客游览了日本的长崎、京都、东京、大阪等地。1927年春，该旅行部出版了中国第一本《旅行杂志》，先是出季刊，后改为月刊，专门宣传祖国的风景名胜，秀丽风光，此杂志一直出版、发行至1954年。1927年6月旅行部更名为中国旅行社，分设7部1处，即运输、车务、航务、出版、会计、出纳、稽核7部和文书处。业务范围也相应扩大，包括代售国内外各种交通票据，办理和提供住宿招待所与餐事，举办赴国内外的团体旅行，出版期刊和各种宣传品，代办各种出国手续和证件等。除上海的中国旅行社外，新中国成立前还出现过几家地方性的旅行社，组织以集体旅游为唯一业务的旅行团，但规模都不大。

这一时期的中国旅游，除了出现旅行社外，在旅游资源开发方面，也曾利用外资，在庐山、北戴河、莫干山、鸡公山等地建设了避暑区。在旅游促销方面，参加过芝加哥、伦敦博览会，另在上海、杭州举办过相当规模的国货博览会和西湖博览会。

以上只是这一时期所取得的相关成就，但总而言之，这时期我国半封建半殖民地时代近代旅游只是刚刚起步，在列强干预、内政腐败、战火连绵的情况下，未能获得较大发展。

3. 中国现代旅游业的发展

中国的现代旅游是指1949年中华人民共和国成立以来的旅游历史，大体经历了开创、改革振兴、全面发展三个阶段。

（1）开创阶段（1949—1977 年）

这一阶段的旅游业务主要是国际旅游，从人数看，主要是接待全世界各地的华侨，其次是来自苏联和东欧等国家的旅游者，西方国家的旅游者占极少数。基本特点是旅游接待多为单纯政治接待，不计成本，不讲效益。中国现代旅游业开创阶段有两个重要标志：

其一，新中国旅游业的诞生以两个旅游机构的建立为标志：1954 年成立的“中国国际旅行社”和 1957 年由各地的华侨服务社组建而成的“华侨旅行社”（1974 年改名为中国旅行社）。前者负责接待外国自费旅游者，由国务院及地方政府的外事办公室领导；后者负责接待海外华侨、外籍华人、港澳及台湾同胞，属于政府的侨务系统。

其二，新中国旅游业的拓展是以“中国旅行游览事业管理局”的建立和中国客源市场的转移以及旅游者构成的变化为标志。1964 年 7 月 22 日，中国旅行游览事业管理局成立，其直接意义是中国旅游事业从此有了专门领导机构。

1956 年至 1960 年，由于“左倾”错误的危害尚未明显暴露，我国国际旅游和华侨及港、澳同胞回内地旅游呈平稳上升趋势。而从 1961 年至 1963 年，“左倾”错误严重再加上自然灾害的爆发，同时国际政治关系恶化，苏联和东欧来华的旅游者逐年下降，西方国家旅游者大幅增加，到 1965 年，来华旅游者总数的 86% 来自西方国家，我国国际旅游市场发生了根本变化。1964 年至 1966 年，随着周恩来总理访亚、非 14 国，中法建交以及中国和古巴通航等一系列外交成果，为我国旅游事业的发展提供了契机。同时，来华旅游者人员构成也有较大变化，散客增多，民间组织的旅游团所占的比重日益增长，其经济效益也有较大提高。

正当我国的旅游业开始步入正轨，文化大革命开始，使我国刚刚起步的旅游事业横遭摧残，处于十分萧条的停滞阶段。1968 年，全国仅接待外宾 303 人。20 世纪 70 年代初期，毛泽东主席要求做好国际交流工作，国际旅游接待才有所恢复。可以说直到十一届三中全会召开，中国的旅游事业才迎来了新的转折点。

（2）改革振兴阶段（1978—1990 年）

1978 年党的十一届三中全会，开创了中国改革开放的新局面。邓小平同志作为中央第二代领导集体的核心，是我国改革开放的总设计师，也是积极发展旅游业的倡导者和奠基人。1979 年 1 月到 7 月，邓小平同志连续发表了《旅游业要变成综合性的行业》《旅游事业大有文章可做》《发展旅游事业，增加国家收入》《把黄山的牌子打出去》等四篇讲话，在邓小平同志的积极倡导下，发展旅游业得到了党中央、国务院的高度重视。1979 年 8 月 6 日，国务院决定将全国各地的高级饭店划归地方旅游局和国际旅行社分、支社管理，实行企业化经营；1979 年 11 月 29 日，国务院批转了国家旅游局关于大力发展旅游事业若干问题的报告；1980 年，国家开始在一批大学里开办旅游系或旅游专业，又决定将北京第二外国语学院划归国家旅游总局领导；1982 年 8 月 23 日，五届人大常委会第 24 次会议确定中国旅行游览事业管理总局更名为中华人民共和国国家旅游局，为国务院直属机构；1983 年 10 月，“世界旅游组织”印度新德里会议一致通过接纳中华人民共和国为正式成员国，标志着中国旅游业已跨入世界旅游业的行列；1985 年 12 月 20 日，国务院常务会议决定，把旅游业发展列入国家的“七五”计划，这是旅游业第一次在国家计划中出现，是我国旅游业发展史上的一个里程碑。党中央、国务院按照小平同志指示陆续采取的这一系列重大举措，为中国旅游业走上产业化大发展道路奠定了基础。

在一系列正确的旅游方针政策指引下，通过不断改革，我国旅游业突破了长期以来基本属外事接待的模式，而作为一个综合性的经济事业的性质得到肯定。

（3）全面发展阶段（1991 年至今）

这是中国旅游产业大发展并成长为国民经济新的增长点的阶段。进入“八五”计划期间以后，随着我国旅游基础设施的逐步配套完善，我国旅游业发展开始走上了快车道。党的第三代领导集体更加重视发展旅游业。1992 年 6 月，党中央、国务院做出《关于加快发展第三产业的决定》，进一步明确旅游业是第三产业的重点；1992 年 8 月，国务院做出试办国家旅游度假区的决定，并为此出台了八个方面的优惠政策；1993 年 11 月，国务院办公厅转发了国家旅游局《关于积极发展国内旅游业的意见》，明确了国内旅游要纳入国民经济和社会发展计划等一系列支持发展国内旅游业的方针；1997 年 7 月 1 日正式实施了《中国公民自费出国旅游管理暂行办法》，标志着中国出境旅游市场的形成；2001 年 4 月发出《国务院关于进一步加快旅游业发展的通知》，明确了新世纪前期我国旅游业发展的指导思想、奋斗目标和主要工作举措。这些大决策、大政策、大举措，有力地推动和保障了我国旅游业的持续快速健康发展。

中国旅游业产业规模不断扩大，入境旅游、国内旅游、出境旅游三大市场繁荣兴旺。2014 年中国旅游市场实现平稳增长，外国人入境旅游达 2 636 万人次，增长 0.27%；港澳台同胞入境旅游达 1.02 亿人次，下降 0.63%；入境过夜游客 5 562 万人次，下降 0.11%；出境旅游人次首次突破 1 亿人次大关，达 1.07 亿人次，增长 19.49%；国内旅游 36.11 亿人次，增长 10.67%。全年旅游总收入 3.38 万亿元，增长 14.7%，其中国际旅游收入 569 亿美元，增长 10.16%。旅游业已真正成为国民经济新的增长点和许多地方的支柱产业，中国已成为世界旅游大国，正努力向世界旅游强国目标迈进。

知识链接

中国旅游业竞争力排名升至全球第17位

2015年世界经济论坛发表最新的旅游业竞争力报告显示，西班牙首次位列全球第一，日本是亚洲排名最高的国家，中国从上次报告中的第45位升至第17位。

报告说，传统旅游热门国家仍具有强大竞争力，法国、德国、美国、英国分别排名第二至第五位。

据报道，2015年旅游业竞争力指数报告采用14大指标对141个经济体进行调查，旨在通过指数分析，衡量各国通过发展旅游业创造经济和社会效益的潜力。

在亚洲，日本以丰富的文化资源、完善的基础设施和一流的数字经济，在全球排名中列第九位，是亚洲旅游业中最具竞争力的国家。

思考与练习

1. 简述“艾斯特”的定义内容。
2. 简述旅游活动的构成要素。
3. 简述旅游活动的特点。
4. 简述旅游活动的异地性。
5. 简述旅游的发展历程。

第二章

chapter 2 旅游者

旅游者是旅游活动的主体，没有旅游者，就没有旅游活动和旅游业，其重要性不言而喻。作为旅游活动的核心，旅游者一直是旅游学研究的重要领域。旅游业从业人员更要了解旅游者产生的条件及不同类型旅游者的需求特点，以便有针对性地为其提供优质的服务。

学习目标

- 熟悉国内外关于旅游者统计口径的异同
- 掌握旅游者产生的主观条件和客观条件
- 了解不同类型旅游者的需求特点

第一节　旅游者概述

一、旅游者的定义

没有旅游者就没有旅游活动。因此，首先要弄清楚“谁是旅游者”和“旅游者是谁”。

有关旅游者最早的定义出现在1876年的《世纪大百科词典》19卷，它把旅游者定义为因好奇和无聊而旅行的人，显然这样的概念已经不符合实际了。

在我国旅游界，旅游者是指离开常住地到异地旅行和访问的人，其停留时间不超过一年，其外出的目的可以是消遣性旅游，例如，观光、度假等；也可以是非消遣性旅游，如公务、会议，但主要不是为了赚钱。

知识链接

与第一章讨论的旅游定义不同的是，对于旅游者的定义，目前占统治地位的是政府机关而不是学术界给出的定义。这是因为各国政府部门需要准确了解旅游者的数量、规模、消费水平、消费结构，以及整个旅游业在国民经济中的地位、作用和影响等，以便为整个旅游行业的发展和旅游企业的经营提供更好的服务。所以，各国各地方政府部门根据旅游统计的实际需要，往往会用一些可以衡量的指标来对旅游者加以定义。

二、国际旅游者

1979年，中国国家统计局对国际旅游者作了以下界定：国际旅游者是指来中华人民共和国探亲访友、观光度假、就医疗养、参加会议或从事经济、文化、体育、宗教活动的外国人、华侨、港澳台同胞，他们出于上述目的离开常住国或地区到中国内地连续停留时间不超过12个月，并且不是通过所从事的活动获取报酬的人。

根据停留时间的长短，可分为国际旅游者和国际一日游旅游者。凡是停留至少一夜的外国人、华侨、港澳台同胞称为国际旅游者；凡是未在我国停留一夜的外国人、华侨、港澳台同胞称为国际一日游旅游者。

中国国家统计局规定以下人群不属于国际旅游者：

- 应邀来华访问的政府部长以上官员及其随从人员；
- 外国驻华使馆官员、外交人员及其随从人员和受赡养者；
- 常住我国一年以上的外国专家、留学生、记者和商务机构人员；
- 乘坐国际航班过境不需要通过护照检查进入我国口岸的中转游客、机组人员、在口岸逗留不过夜的铁路员工和船舶驾驶人员及其他人员；
- 边境地区往来的边民；
- 回我国内地定居的华侨、港澳台同胞；
- 已在我国定居的外国人或原已出境又返回我国定居的外国侨民；
- 已归国的我国出国人员。

三、国内旅游者

国内旅游者是指任何一个在他居住国或地区内到惯常环境以外的地方旅行，停留时间不超过一年，访问的主要目的不是通过所从事的活动获取报酬的人。按照停留时间的长短，国内旅游者又可以分为过夜的国内旅游者和一日游国内旅游者。

过夜的国内旅游者：在旅游住宿设施内至少停留一夜，最长不超过 6 个月的国内游客。

一日游国内旅游者：按照中国国家统计局的标准，该类旅游者指的是离开长住地外出距离在 10 千米以上，时间超过 6 小时但不足 24 小时，未在旅游住宿设施内过夜的国内旅游者。

中国国家统计局规定以下人群不属于国内旅游者：

- 到各地巡视工作的部长以上官员；
- 驻外地办事机构的临时工作人员；
- 调遣的武装人员；
- 到外地学习的学生；
- 到基层锻炼的干部；
- 到其他地区定居的人员；
- 无固定住所及驻地的无业游民；
- 到外地务工的农民。

第二节　旅游者产生的条件

旅游需求是科学技术进步、生产力提高和社会经济发展的必然产物。其中，人们可支配收入的提高、闲暇时间的增多以及旅游资源的吸引、旅游者的状况等因素都是旅游者形成的客观条件。

一、实现旅游活动的客观条件

1．收入水平

对旅游者个体来说，要实现旅游的首要条件是必须具有一定的经济实力。这是因为旅游需要是在其基本物质需要得到满足后而产生的精神需要，首先是物质需要必须得到满足才可能产生旅游动机；其次，旅游消费是一种较高的消费。实践证明，西欧、北美旅游客源丰富与其国民经济收入水平高有密切关系，国际性大众旅游的兴起同各国国民收入的提高以及家庭收入的增长相关。

知识链接

从宏观角度来看，一个国家国民的个人收入水平取决于国民生产总值和分配制度等。一般来说，个人收入与国民生产总值成正比，但最终又由分配制度来决定。

个人收入与旅游需求的关系基本上是正比关系。然而，旅游需求或旅游支出与个人收入的关系是间接的，与旅游花费关系最紧密的是可自由支配收入。研究表明，人均收入为 800 ~ 1 000 美元 / 年，居民将普遍产生国内旅游动机；人均收入为 4 000 ~ 10 000 美元 / 年，居民将产生国际旅游动机；人均收入超过 10 000 美元 / 年，居民将产生洲际旅游动机。

2．时间

一般来说，人的时间可以分为工作时间、生活时间、必需的社会活动时间和余暇时间四大部分。

工作时间是指人们为了维持生存出外工作以赚取货币的时间。工作时间又分为法定的工作时间和必需的附加工作时间。例如，我国目前实行的每周 5 天、每天 8 个小时的法定工作时间；但是，有的职业会涉及必要的加班加点、必要的第二职业工作时间等。

生活时间是指为了满足人们生理需要，如吃饭、睡觉以及处理日常琐事等花费的时间。

必需的社会活动时间是指我们无法逃避的社交活动花费的时间。例如，出席必要的社交约会、学校召开的学生家长会等。

余暇时间又称可随意支配的时间，是指个人在扣除了用于劳动、满足生理需要、参加必要的社会交往活动等之后剩下的可自己随意支配的时间，即可用于自由支配从事娱乐、社交、消遣或其他自己感兴趣的事情的时间。余暇时间有四种分布：每日余暇、每周余暇、公共假日和带薪假期。我国从 1995 年 5 月 1 日开始每周实行 5 天工作制，从 1999 年开始实行国庆七天长假制，大大推动了我国国内旅游的发展。

知识链接

全国年节及纪念日放假办法

1949 年 12 月 23 日政务院发布，根据 1999 年 9 月 18 日《国务院关于修改〈全国年节及纪念日放假办法〉的决定》第一次修订，根据 2007 年 12 月 14 日《国务院关于修改〈全国年节及纪念日放假办法〉的决定》第二次修订。

第一条　为统一全国年节及纪念日的假期，制定本办法。

第二条　全体公民放假的节日：

（一）新年，放假 1 天（1 月 1 日）；

（二）春节，放假 3 天（农历除夕、正月初一、初二）；

（三）清明节，放假 1 天（农历清明当日）；

（四）劳动节，放假 1 天（5 月 1 日）；

（五）端午节，放假 1 天（农历端午当日）；

（六）中秋节，放假 1 天（农历中秋当日）；

（七）国庆节，放假 3 天（10 月 1 日、2 日、3 日）。

第三条　部分公民放假的节日及纪念日：

（一）妇女节（3 月 8 日），妇女放假半天；

（二）青年节（5 月 4 日），14 周岁以上的青年放假半天；

（三）儿童节（6 月 1 日），不满 14 周岁的少年儿童放假 1 天；

（四）中国人民解放军建军纪念日（8 月 1 日），现役军人放假半天。

第四条　少数民族习惯的节日，由各少数民族聚居地区的地方人民政府，按照该民族习惯，规定放假日期。

第五条　二七纪念日、五卅纪念日、七七抗战纪念日、九三抗战胜利纪念日、九一八纪念日、教师节、护士节、记者节、植树节等其他节日、纪念日，均不放假。

第六条　全体公民放假的假日，如果适逢星期六、星期日，应当在工作日补假。部分公民放假的假日，如果适逢星期六、星期日，则不补假。

第七条　本办法自公布之日起施行。

3. 其他因素

除了可自由支配收入和余暇时间这两个重要的客观因素外，影响人们旅游活动的还有其他客观因素，主要是旅游目的地国的社会条件、可进入性以及旅游者个人因素三个方面。

旅游目的地国的社会条件包括政府对旅游的态度、国家政局的稳定性、科技发展水平、交通工具、旅行范围的选择和外交政策。

可进入性包括时空距离、入关签证、交通状况等。

个人因素包括年龄、性别、种族、受教育程度、旅游者身体状况和家庭状况。据国家旅游局统计，50 岁以下旅游者占旅游者总数的 80%。另外，拥有 4 岁以下婴幼儿的家庭出外旅游的可能性较小。

二、实现旅游活动的主观条件

当具备了旅游的经济条件、足够的闲暇时间以及其他客观条件后，如果没有旅游的愿望，旅游活动也不能实现。这就是为什么生活中我们总能见到这样一些人，他们很富有，也有余暇时间，可就是没有进行过旅游消费，原因就是没有旅游的愿望。我们把旅游愿望称为旅游动机，它是促使人们参加旅游活动的内在驱动力。

事实上，由于旅游是一种综合性的活动，能够满足人们多方面的需要，而人们外出旅游时，也很少是出于一个方面的动机。因此，旅游往往是人们多种动机共同作用的结果，只是有时某一动机为主导动机，其他为辅助动机，有时有的动机被意识到了，有的动机未被意识到而已。但无论如何，旅游动机是人们对认识到的旅游需要的表现形式，即旅游活动。旅游需要的形成是多种因素共同作用的结果，由于外因总是通过内因起作用的，因此，人们不同动机的形成从根本上说是个人方面的因素影响的结果。

知识链接

动机是激励人们产生行为意向、推动人们进行某项活动的内部原因和动力。需要是客观刺激通过人体感官作用于大脑所引起的某些缺乏状态，动机是需要的表现形式。有了某种需要，为了满足或实现需要，随即就会产生某种动机。

美国著名的旅游学教授罗伯特·W·麦金托什提出：因具体需要而产生的旅游动机可划分为下列四种基本类型：

1. 身体方面的动机

身体方面的动机包括为了调节生活规律，促进健康而进行的度假休息、体育活动、海滩消遣、娱乐活动，以及其他直接与保健有关的活动。此外，还包括遵医嘱或建议做异地疗法、洗温泉浴、矿泉、做医疗检查以及类似的疗养活动。这方面的动机都有一个共同特点，即通过与身体有关的活动来消除紧张情绪。

2. 文化方面的动机

人们为了认识、了解自己生活环境和知识范围以外的事物而产生的动机，其最大的特点是希望了解异国他乡的情况，包括音乐、艺术、民俗、舞蹈、绘画及宗教等。

3. 人际（社会交往）方面的动机

人们通过各种形式的社会交往，保持与社会的接触，包括希望接触他乡人民、探亲访友、逃避日常的琐事及惯常的社会环境、结交新友等。

4. 地位和声望方面的动机

地位和声望方面的动机主要与个人成就和个人发展的需要有关。这类动机的旅游包括事务、会议、考察研究、追求业余爱好，以及求学等类型。

第三节　旅游者的分类

在对旅游者进行分类时，由于采用的标准不同，得到的类型也各不相同。

一、根据旅游者的购买目的划分

按照不同的购买目的，可以把旅游者分为以下三类：

1. 消遣型旅游者

消遣型旅游者主要选择观光旅游、度假旅游、娱乐旅游等类型的旅游活动，并往往与家庭成员或单位组织的成员在一起，把旅游作为与他的职业无关的活动，其主要目的就是为了放松。随着人们生活水平的不断提高，休闲娱乐已经成为人们生活中不可或缺的重要需求。通过旅游不仅可以缓解人们的工作压力、使紧张的身心得到恢复，而且还可以满足自己的好奇心，有利于增添生活的情趣。目前，消遣型旅游者已经成为外出旅游者的主体，在旅游消费市场中占有重要地位。

2．差旅型旅游者

差旅型旅游者是指以业务为主要目的，兼顾观光旅游的人，包括公务旅游者、商务旅游者、学术教育旅游者（会议旅游者）等。

3．家庭及个人事务型旅游者

家庭及个人事务型旅游者的出游目的是为了处理家庭及个人事务，具体有探亲访友、联系调动工作、疗养治病、购物及其他家庭事务和个人事务等。

知识链接

个性，又称人格。它是指个体内在的在行为上的倾向性，它表现一个人在不断变化中的全体和综合，是具有动力一致性和连续性的自我，是人在社会化过程中形成的给予人特色的身心组织。如果我们已经认识一个人的个性特征，就可以预测此人在一定环境下的行为趋向。

二、根据年龄、性别、受教育程度等人口统计因素划分

根据年龄、性别、受教育程度等人口统计因素也可以将旅游者划分为不同类别。这里主要分析以年龄和性别因素为划分依据的旅游者类型。

1．按年龄划分

按年龄因素可把旅游者划分为青少年旅游者、中年旅游者和老年旅游者。

不同年龄段旅游者的消费特点不同，通过比较他们之间的差别，旅游企业可以更有针对性地开发旅游产品、完善营销策略。

青少年旅游者精力充沛，好奇心强，大多数都喜欢探险、偏好刺激性的娱乐活动，虽然他们的消费水平有限，但旅游需求很高，多会选择如探险、滑雪、狩猎、攀岩等新颖独特的旅游产品。近年来，修学旅游发展迅速，成为青年人热衷的旅游项目，旅游人数不断增加，并具有乐观的市场前景。

中年旅游者占外出旅游人数的比例最大，这类旅游者具有较高的收入水平和较好的健康状况，对他们而言，闲暇时间是否充足以及家庭拖累的大小对旅游消费需求的影响最大。

老年旅游者最大的优势是有充足的余暇时间和较好的经济条件。因此，这类旅游人

群在旅游者中也占有较大的比例。

2. 按性别划分

旅游需求的性别差异也很明显。一般来说，男性旅游者具有较强的独立性，较喜欢知识性、运动性、刺激性较强的旅游活动，具体表现为公务旅游者、体育旅游者；而女性旅游者则更注意选择旅游目的地，关注人身和财产安全因素，倾向于购物活动，对价格比较敏感。但是，近年来，随着女性就业率及其经济收入水平的不断提高，女性参加公务旅游、观光旅游的人数开始呈现上升趋势。

知识链接

旅游者类型的其他划分方法

按旅游活动的组织形式不同，可将旅游者分为团体旅游者和散客旅游者；按旅游者的消费水平不同，可将旅游者分为经济型旅游者、标准型旅游者和豪华型旅游者；按旅游费用的来源不同，可将旅游者分为自费旅游者、公费旅游者、社会旅游者和奖励旅游者；按地域范围不同，可将旅游者分为国内旅游者、国际旅游者、洲际旅游者和环球旅游者。

思考与练习

1. 简述国际旅游者的概念及其含义。
2. 简述国内旅游者的概念及其含义。
3. 简述可自由支配收入的含义。
4. 简述余暇时间的含义。
5. 旅游者的旅游动机有哪些?
6. 比较不同类型旅游者的不同需求特点。

第三章

旅游资源

chapter 3

旅游资源是旅游业发展的基础。一个区域旅游业是否兴旺发达，在一定程度上取决于旅游资源的多少和开发价值的大小。旅游资源调查、分类和评价，是区域旅游开发的重要基础工作。在市场化、独特性、保护性和经济效益原则下，有效的开发利用是旅游资源价值实现的必要途径。

学习目标

- 理解旅游资源的概念、分类及其特点
- 了解我国丰富的旅游资源
- 掌握旅游资源评价的内容和方法
- 认识旅游资源开发的主要内容
- 掌握旅游资源保护的主要措施

第一节　旅游资源概述

一、旅游资源的概念

中华人民共和国国家标准《旅游资源分类、调查与评价》（GB/T 18972—2003）中将旅游资源定义为：自然界和人类社会凡能对旅游者产生吸引力，可以为旅游企业开发利用，并可产生经济效益、社会效益和环境效益的各种事物和因素，均称为旅游资源。这一定义强调了旅游资源的吸引功能，指出旅游资源具有为旅游业开发利用的可能性；同时也强调了旅游资源的客观存在性。我们可以从三个方面理解这个概念。

1．吸引性

吸引性是旅游资源最核心的属性，正是吸引力的存在促使人们产生旅游动机，吸引力的大小直接决定了旅游资源价值的高低，吸引力是衡量旅游资源的主要标准。

知识链接

由于旅游活动表现为旅游者在空间上的移动，故旅游资源吸引力一般包括空间差异性和空间同质性产生的吸引力。空间差异性产生的吸引力是指旅游目的地和客源地之间的差异性而产生的好奇心，如乡村与城市、南方与北方；空间同质性产生的吸引力主要指给人以亲切感或归宿感的地方，如故乡或者犹如故乡的地方也会产生吸引力。因此，在旅游营销中，需要找准旅游吸引力的类型，与旅游市场进行有效沟通。

2．发展性

旅游资源是一个发展的概念，随着科技的进步，旅游资源的范围在不断扩大，原来不能被旅游业所利用，不是旅游资源的事物和因素，今天就有可能成为旅游资源予以开发。

3．效益性

旅游资源经过开发，要产生经济效益、社会效益和环境效益。旅游资源开发的首要目的是追求经济效益，这也是目前各国、各地区大力发展旅游业的重要刺激因素。

同时，旅游资源的开发也不能忽视社会效益和环境效益，那些明显对人类社会有危害的东西，在我们国家，政策上处于严禁之列，不能列入旅游资源的范畴。且在旅游资源开发过程中必须注意对资源本身及周边环境的保护，做到在保护中开发，在开发中保护。

当然旅游资源是旅游活动的客体，从旅游需求的角度出发，我们甚至可以简要地说，凡能对旅游者产生吸引力的各种客观事物都可构成旅游资源。

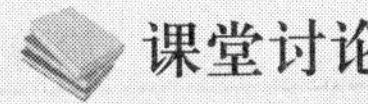

课堂讨论

你所在的城市有哪些重要的旅游资源？说出来和大家一起分享吧！

二、旅游资源的分类

旅游资源的内涵十分丰富，种类也很多。同其他事物的分类一样，按照不同的分类标准，所划分出来的旅游资源类型也不尽相同。

1．按旅游资源的成因分类

根据旅游资源的成因，大体上可以将旅游资源划分为两大类，自然旅游资源和人文旅游资源（见表3—1）。自然旅游资源是由地貌、气候、水体和生物等自然环境要素所构成的，具有旅游价值的自然地理环境部分；人文旅游资源是由古往今来的人类活动所产生，并具有旅游价值的一切事物和现象。

表3—1　旅游资源按成因分类

旅游资源成因	主要类别	主要代表
自然旅游资源	地文景观	五岳名山、长江三峡、云南石林、黄土高原等
	水域风光	三亚海滨、江河湖泊、飞瀑流泉等
	生物景观	大熊猫、丹顶鹤、水杉、银杏、牡丹等
	气象气候景观	晚霞夕照、断桥残雪、海市蜃楼、黄山云海等
人文旅游资源	历史文物古迹	历史建筑、古代文明遗迹、石窟石刻等
	宗教文化景观	宗教建筑、宗教活动、宗教艺术等
	民族文化景观	民族艺术、民族工艺、风俗习惯及节日庆典活动等
	体育文化盛事	奥林匹克运动会、世界杯足球赛、国际性音乐节等
	现代社会景观	上海“东方明珠”、三峡大坝、现代城乡风光等
	人造景观	各种主题公园
	旅游商品	景德镇瓷器、北京景泰蓝、洛阳唐三彩等

这种从成因上进行旅游资源分类的方法，是最基本、最常用的分类方法。

2．按旅游资源的功能分类

不同类型的旅游资源可以满足游客的不同需求，因此，根据旅游资源主要功能的不同，可以把旅游资源分为六种类型（见表 3—2），以利于开发不同类型的旅游产品。

表 3—2　旅游资源按功能分类

旅游资源类型	主要功能	主要代表
观光游览型	供旅游者观光游览和鉴赏，使旅游者陶冶性情，并从中获得各种美感享受	优美的自然风光、著名的古建筑、城乡风貌、园林建筑等
参与型	旅游者可以亲自参与活动，得到切身的体验，感受其中，乐在其中，美在其中	冲浪、漂流、赛马、渔猎、龙舟竞渡、游泳、制作、品味、访问、节庆活动、集市贸易等
购物型	主要供旅游者购买，以纪念他们的旅游经历	各种土特产、工艺品、艺术品、文物商品及仿制品等
休闲保健型	主要供旅游者度假、疗养、健身之用	疗养院、度假村、温泉浴、沙疗、森林浴、健身房等
文化型	旅游者从中可以获得一定的科学文化知识，开阔眼界，增长阅历	富有文化科学内涵的各类展览、科学技术活动、文化教育设施等
情感型	可供开展祭祖、探亲、访友、怀古等旅游活动，以表达旅游者的思古、怀念、崇拜、热爱、敬仰等感情	名人故居、名人古墓、各类纪念地等

3．按旅游资源的级别分类

不同的旅游资源具有不同的吸引力和影响力，其知名度也有较大差别，因此可以按照其级别进行分类，见表 3—3。

表 3—3　旅游资源按级别分类

旅游资源级别	价值大小	吸引力范围	主要代表
世界级旅游资源	具有非常重要的观赏、历史和科学价值	国际游客	世界自然、文化遗产，世界地质公园等
国家级旅游资源	具有重要的观赏、历史和科学价值	全国乃至国际游客	国家级重点风景名胜区、国家级历史文化名城等
省级旅游资源	具有较高的观赏、历史和科学价值	国内或省内游客	省级风景名胜区
市（县）级旅游资源	具有一定的观赏、历史和科学价值	本土游客	环城游憩带

这种划分方法主要体现了旅游资源级别、价值的高低，为旅游地客源市场的确定和旅游者的出行提供了有价值的参考。

三、旅游资源的特点

旅游资源与其他资源相比，既有共性的一面，也有自身的特性，这些特性是旅游资源开发时必须正确认识并加以合理利用的。旅游资源的特点概括起来主要有以下几个方面：

1．观赏性

旅游资源同一般资源的最主要区别，就是它的美学观赏性。无论是“水光潋滟晴方好，山色空蒙雨亦奇”的西湖美景，还是“大漠孤烟直，长河落日圆”的塞外风光；还有多姿多彩的文物古迹、民族风情，以及美食佳肴等，无不具有观赏价值。观赏性是构成旅游资源吸引力的最基本要素。观赏性影响旅游资源的品质，一般来说，旅游资源的观赏性越强，对旅游者的吸引力就越大。

如我国的万里长城、秦兵马俑、桂林山水，埃及的金字塔、日本的富士山、美国的自由女神像等，都因观赏性较强，而成为世界著名的旅游资源，每年吸引着成千上万人去参观游览。

2．综合性

综合性主要表现在同一地区内多种类型的旅游资源交错分布在一起。旅游资源的各要素之间，处在多种联系、相互制约的环境中，很少有孤立的单一景观。一个地区旅游资源的构成要素种类越丰富，联系越紧密，综合性越强，对旅游者的吸引力就越大。另一方面，由于旅游者的动机多种多样，大多数人想在有限的时间内看到更多类型的旅游景观。所以，旅游资源的综合性适应了游客观景的要求，这也是一个区域发展旅游的优势所在。

如山岳景观是由高耸挺拔的山体与林地、云雾等组成；峡谷景观是由谷地、河水及林地组成；古村落则由风水、地貌、水文条件、牌楼、民居、宗祠、绘画、雕刻及社会生活等共同组成。

3．地域性

地域性是指旅游资源分布具有一定的地域范围，存在地域差异，带有地方色彩。由于纬度、地貌、海陆位置的影响，自然环境因素如气候、地貌、水文、动植物出现地域差异，从而导致自然旅游资源出现地域性。由于人类活动与自然环境有着紧密的联系，人文景观也表现出明显的地域差异。

如赤道雨林景观、温带大陆内部的荒漠景观、南极的冰原景观等分别出现于不同的地表区域。我国黄土高原民居采用天然的窑洞，西南潮湿多雨地区则多用吊脚楼。蒙古族的“那达慕”大会、傣族的“泼水节”、白族的“火把节”，民族风情十分浓郁，富有吸引力。

所以，一个国家或地区旅游业能否有所成就，在很大程度上取决于能否保持和突出那里旅游资源的地方特色。

4．不可移动性

其他资源经过开发，或以其自身，或以其产品，可以输往其他地方以供利用。但旅游资源一般在地域上是固定的，不可移动的。如长江三峡、壶口瀑布、桂林山水等资源产生于特定的地理环境，无法用人工力量来搬迁或异地再现。人文旅游资源是在特定的地域环境和特定的历史条件下人类社会的产物，与其生成环境紧密联系，人为割裂其环境联系，势必会影响到旅游资源所承载信息的完整性、原生性和真实性，使资源的价值降低。

中国巍巍群山中蜿蜒不断的万里长城，意大利罗马古城中的斗兽场，埃及茫茫沙漠中的金字塔都是与其自然和人文环境紧密联系的。

旅游资源的不可移动性使得旅游资源的开发一般在当地进行，旅游者必须离开常住地前往资源地才能完成旅游活动。因此，使得旅游地的一些服务设施和基础设施纳入到旅游业之中，成为旅游业的重要组成部分。

5．可重复利用性

其他资源多数不能重复利用，在人们消费产品的同时，资源也随之消耗掉。而旅游资源则相反，具有可重复利用的特点。旅游者的参观游览，通常带走的只是印象和观感，而不能带走旅游资源本身（一些旅游商品除外）。这也是造成旅游业投资少、收益大、利用周期长等一系列优点的重要原因。但是，旅游者的到来，也会对旅游资源造成破坏，一项使用过度的有形资源可能被毁坏，甚至不可再生。一项维护不当的无形资源一旦遭到破坏，在短期内也是难以修复的。

九寨沟的日接待游客量大大超过环境承载的能力，使其生态系统和水质遭到严重破坏。少数民族旅游地过度商业化的民俗表演，天长日久也难以保持民俗文化原始的魅力。这就要求我们在旅游开发时必须进行资源保护。

6．可创新性

随着时间的流逝，人们的兴趣、需要以及时尚潮流会发生变化，这使得人们对资源的开发创新成为必要和可能。此外，在传统旅游资源匮乏的地区，为了发展旅游业，也可以凭借自己的经济实力人为地创造一些旅游资源。

以迪斯尼乐园为代表的各类主题公园，河南洛阳的牡丹花会、山东潍坊的风筝会等，都是这种旅游资源开发创新的例证。例如，2005年9月13日，香港迪斯尼乐园（见图3—1）正式开幕。

认识旅游资源的这些特点对于发展旅游业，特别是对于一个国家或地区的旅游规划与开发、旅游市场营销以及旅游资源保护等工作的开展，都具有重要的现实意义。

图 3—1　香港迪斯尼乐园

第二节　旅游资源评价

旅游资源是旅游活动赖以开展的客体，也是一个国家或地区发展旅游业的物质基础。旅游资源要想成为具有吸引力的旅游景观，必须经过适当的开发和利用才能实现。而在旅游资源开发之前必须对旅游资源进行科学的评价，这是一项重要的基础性工作。

一、旅游资源评价的概念

旅游资源评价就是运用某种方法，对一定区域内旅游资源本身的价值及其外部开发条件进行综合评判和鉴定的过程。

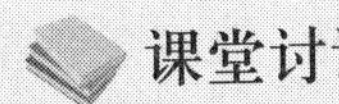

课堂讨论

旅游资源评价有什么重要意义?

二、旅游资源评价的内容

旅游资源的评价既包括对资源本身价值的评价，也包括对资源外部开发条件的评价。

1．旅游资源的特色

旅游资源的特色是衡量其对游客吸引力的重要因素，也是旅游资源开发的先决条件之一，它对旅游资源的利用功能、开发方向、开发规模及其经济效益起着决定作用。旅游资源的特色越突出，其旅游吸引力就越大，从而具有较高的旅游价值，因而，旅游资源特色是旅游开发的生命线。

2．旅游资源的美学观赏价值

美学观赏价值是旅游资源评价的重心，它主要指旅游资源能提供给旅游者美感的种类及强度。旅游的基本形式是观光，观光是旅游者鉴赏美的活动。旅游资源的美是多种多样的：自然美主要通过山体、河流、湖泊、草原、森林、日光、月影、云雾、雨雪等构景要素的总体特征来体现；人文美则是通过寺庙、陵墓、殿堂、亭台楼阁、石窟造像、摩崖石刻、民俗风情等来体现。人们能够感受到的美感种类越多，美感越强烈，对其评价就越高。凡是吸引力较大的旅游资源，首先必须具有较高的美学观赏性，桂林山水、敦煌莫高窟、黄河壶口瀑布等皆为美学观赏价值很高的旅游资源。

3．旅游资源的历史文化价值

历史文化价值包括两个方面的含义：一是其本身所具有的历史文化内涵，即其是否体现了某一历史时期的某种文化特征。旅游资源都在不同程度上体现着某种文化，如建筑、文学艺术、民族风情等。二是与重大历史事件、文艺作品、传说故事等有关的历史文化。如果这些相关因素艺术价值很高，影响特大，则会非常有力地提高对此旅游资源的评价。一般而言，旅游资源类型越多，产生的年代越久远，越稀少，越有代表性，越是与名家或名人有关，其历史地位越高，文化价值越大。例如，枫桥本是江南一座普通的拱桥，却因为有了张继的《枫桥夜泊》而闻名。

4．旅游资源的科学考察价值

科学考察价值主要考虑旅游资源在自然科学、社会科学和教学科研方面有什么样的特点，能否作为科教工作者、科学探索者和追求者现场研究的场所。

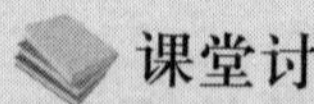
课堂讨论

旅游资源的科考价值、历史文化价值和旅游价值有什么区别和联系？

西安附近的秦始皇陵兵马俑是研究历史、雕塑、军事、美术的科学园地，闻名遐迩的长江三峡、云南的“三江并流”，表现了丰富深奥的地质运动、构造断裂、流水袭夺等自然过程，而各类博物馆、纪念地（堂、馆）对培养参与者的科学兴趣、扩大视野、增长知识，进行思想道德教育等均具有重要意义。

5．旅游资源的环境质量

旅游资源所处环境的质量直接影响着旅游吸引力，因为人们外出旅游的一个重要目的就是为了暂时摆脱环境不良的常住地。一个旅游地的环境质量涉及气候、地形地质、植被、水质、空气和噪声污染程度、灾变及地方性疾病等许多方面。只有这些方面都有利于人体健康，并且使人感到舒适和赏心悦目时，才具有发展旅游的可能（探险旅游除外）。人们愿意到海滨、森林中去，最大的原因就在于此。

6. 旅游资源的旅游容量

旅游容量指该项旅游资源自身或其所在地在瞬间所能容纳的合理的游人数量。并非在同一旅游地内接待的游人越多越好。如果超过了合理的旅游容量，结果会适得其反。

7. 旅游资源的规模与组合状况

旅游资源规模和组合状况，指在同一旅游地内不同要素的组合或同一地域内旅游资源的分布及配置状况。旅游资源特质、价值、功能高者并不一定能形成开发规模，只有在一定地域较为集中，多类型资源协调布局和组合，形成一定的开发规模，才具有较高的旅游价值。故旅游资源的规模与组合状况是其评价不可缺少的内容之一。例如，山与水相配合，山地与气候、动植物相配合等。

8. 旅游资源的区位条件

旅游资源的区位条件，是指旅游资源所在地区的地理区位以及与此紧密相关的交通是否便捷、与主要客源市场的距离（空间距离和时间距离）、旅游必需品的供应能力、区内和邻近地区旅游业的竞争态势等。无疑，区位条件的优劣将对旅游资源的开发和整个旅游业的发展产生极大的影响。

我国的深圳、珠海等由于毗邻香港、澳门，其优越的区位条件，使当地并不多的旅游资源得到了充分开发和利用。相反，西藏具有非常丰富而且品位极高的自然和人文资源，如雅鲁藏布江大峡谷、布达拉宫等，但由于其地理位置太偏，反而不利于开发和利用。

9. 旅游资源的适应范围

旅游资源的适应范围，是指该项旅游资源是否能够吸引各种年龄、各种职业及不同性别、不同志趣的人，并能够开展多种旅游活动，还是仅对某一特定旅游者群体具有吸引力，仅能够进行特定的旅游活动，以及在一年当中能够利用的时间长短。能够吸引各种人，能够开展多种旅游活动和在一年中的大多数季节都能够利用的旅游资源，其价值就较大。

10. 旅游资源的开发条件

旅游资源的开发条件，指的是该项旅游资源保存的完好程度、所处地区的区位条件、当地的经济发展水平及各种基础设施的完善程度。这些条件的好坏将对旅游资源开发建设投资和投资回收周期以及旅游业饮食和商

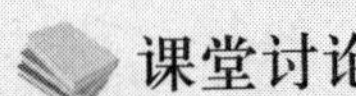

课堂讨论

在旅游资源的诸多评价指标中，最关键的指标有哪些？

品供应产生很大影响。

三、旅游资源评价的方法

因为旅游资源评价非常重要，故人们一直在探讨对旅游资源有效的评价方法。旅游资源评价的方法很多，常用的有一般体验性评价法、定性评价法和定量评价法三种。

1．一般体验性评价法

一般体验性评价是评价者根据自己的亲身体验，对某一或一系列的旅游资源就其整体质量进行定性评估的方法。常用方式是旅游者在问卷上回答有关旅游资源的优劣顺序，或由各方面专家讨论评价，或统计在常见报刊或旅游书籍、旅行指南上出现的频率等。

这种评价多由传播媒介或行政管理机构发起，如我国曾评选的已开发资源所形成的“中国十大风景名胜”和“中国旅游胜地40佳”，就是运用这种方法评出的。这种方法常局限于少数知名度较高的旅游资源开发地，无法用于一般类型或尚未开发的旅游资源。

2．定性评价法

定性评价是评价者在考察旅游资源后根据自己的印象所做的主观评价，一般多采用定性描述的方法。该方法简单易行，见效快，对数据资料和精确度要求不高，但不可避免地存在结论的非精确性和推理过程的相对不确定性。定性评价法的主要代表是卢云亭的“三三六”评价体系，具体内容见表3—4。

表3—4　“三三六”评价体系

评价方法	评价内容	具体指标
“三三六”评价法	三大价值	历史文化价值、艺术观赏价值、科学考察价值
	三大效益	经济效益、社会效益、环境效益
	六大开发条件	地理位置和交通条件、景象地域组合条件、旅游环境容量、旅游客源市场、投资能力、施工难易程度

3．定量评价法

定量评价是根据一定的评价标准和评价模型，全面系统地将有关旅游资源的各评价因子予以客观量化，处理结果具有可比性。定量评价较之定性评价，其结果更直观、更准确。

第三节　旅游资源开发与保护

经过对旅游资源的科学评价，可肯定其开发价值，确定其开发方向和开发规模，接下来的任务就是组织实施相关的开发工作。同其他各类资源一样，旅游资源必须经过开发才能发挥其功能。所以，有效的开发利用是旅游资源价值得以实现的必要途径。

一、旅游资源开发的主要内容

所谓旅游资源开发，是指通过适当的方式把旅游资源改造成具有吸引力的旅游环境，并使旅游活动得以实现的技术经济过程。所以，旅游资源开发除了旅游景点的建设外，还包括在选定拟开发旅游资源的基础上，对与之相关的接待条件进行的开发和建设，最终将旅游资源所在地建设成为一个具有吸引力的旅游空间。因此，旅游资源开发主要包括以下几个方面内容。

1. 旅游景区景点的开发建设和管理

旅游资源在被开发之前，一般都因缺乏现代旅游活动所必需的基本条件而难以开展大规模的旅游接待活动。因此，对旅游资源进行开发，建设旅游景区景点是客观必要的。这种开发与建设，不仅是对尚未利用的旅游资源的初次开发，也可以是对已经利用了的景观或旅游吸引物的深度开发。

2. 提高旅游资源所在地的可进入性

在旅游开发中，旅游资源所在地同外界的交通联系及其内部交通条件是非常重要的，不合理的交通往往会成为一个地区发展旅游业的“瓶颈”。因此，解决进出交通的便利、快捷、舒适，是旅游开发首要的基础工作。

例如，郑州至少林寺高速公路 2003 年年底通车后，旅途时间由过去的 2 个小时压缩至半小时，大大提高了嵩山风景名胜区的可进入性。

3. 建设和完善基础设施和服务设施

旅游基础设施指当地居民生活所必需的设施，如供水、供电、邮政、排污、道路、银行、商店、医院、治安等。旅游服务设施指直接为旅游服务的旅游饭店、旅游商店、游乐场所等。旅游开发要求在建设和完善保障当地居民生活所需基础设施的基础上，建设和完善旅游者消费所需要的旅游配套设施。

知识链接

旅游基础设施和旅游服务设施的区别

旅游基础设施：在与发展旅游业有关的各种设施中，凡属其主要使用者为当地居民，但也必须向旅游者提供或旅游者也必须依赖的设施，应划为旅游基础设施。如一般的公用事业设施：供水系统、排污系统、供电系统、通信系统、道路系统等，以及与此有关的配套设施如停车场、机场、火车站和汽车站、港口码头、夜间照明设施等。现代社会生活所必需的基本设施或条件：医院、银行、食品店、公园、治安管理机构等。

旅游服务设施：指那些虽然也可供当地居民使用，但主要是供外来旅游者使用的旅游服务接待设施。主要包括宾馆饭店、旅游问询中心、旅游商店、旅游娱乐场所等。

4. 培训人才，完善旅游服务

旅游专业人才是旅游开发的人力资源保障。旅游服务质量的高低在一定程度上会起到增强或减弱旅游资源吸引力的作用。在存在拥有同类旅游资源的目的地或景区景点竞争的情况下，员工的业务水平和服务质量将构成竞争力的关键因素。因此，要不断加强和完善旅游服务，并培训能够提供专业服务的人员。

旅游资源开发与旅游资源保护是一对矛盾，旅游资源开发会提高民众的环境保护意识和旅游资源保护意识，为保护提供必要的经费等。但是，旅游者的到来或多或少地对旅游资源产生不利影响，甚至在开发过程中这种影响也在所难免。

二、旅游资源遭受破坏的主要原因

致使旅游资源遭受破坏的原因是多方面的，主要可以分为自然因素和人为因素两大类。

1. 自然因素的破坏

自然因素对旅游资源的破坏作用是显而易见的。自然界的风化作用、氧化作用、风蚀作用、温度变化等，对旅游资源都会产生重要影响。这些因素虽然影响比较缓慢，但其影响范围极广，从高空到地下，几乎难以逃脱。而自然界的某些突发性变化，如地震、火山喷发、洪水、火灾、飓风、山崩、泥石流等自然灾害，所造成的损失往往极其巨大，且至今多难以预测和有效防止。

2. 人为因素的破坏

（1）旅游开发中的“破坏性建设”

“破坏性建设”是指那些看似为了发展旅游业，但由于缺乏知识或考虑不周，而建设的一些不适当的工程，造成了对旅游资源或其环境的破坏。

（2）游客到来产生的影响

旅游者的游览过程也会对旅游资源造成破坏。如众人踩踏地面，造成土壤板结，影响了植物吸收水分和营养，致使古树名木生长不良；游人呼出的二氧化碳和水分以及散出的体热会对石窟、溶洞、陵寝地宫产生负面的影响等。

（3）部分游客的不文明行为

游客的不文明行为不仅会破坏旅游资源（如随地丢弃废物垃圾、随地吐痰、大声喧哗、在禁烟区内吸烟、乱写乱刻等不文明行为会影响旅游资源的质量），而且会败坏其他游人的兴致。

知识链接

《中国公民国内旅游文明行为公约》及《中国公民出境旅游文明行为指南》

针对部分游客在出游过程中表现出的不文明行为，中央文明办、国家旅游局2006年10月2日联合颁布《中国公民国内旅游文明行为公约》和《中国公民出境旅游文明行为指南》，对公民的旅游行为做出了明确规范，旨在提高公民文明素质，塑造中国公民良好的国际形象。

1.《中国公民国内旅游文明行为公约》

营造文明、和谐的旅游环境，关系到每位游客的切身利益。做文明游客是我们大家的义务，请遵守以下公约：

（1）维护环境卫生。不随地吐痰和口香糖，不乱扔废弃物，不在禁烟场所吸烟。

（2）遵守公共秩序。不喧哗吵闹，排队遵守秩序，不并行挡道，不在公众场所高声交谈。

（3）保护生态环境。不踩踏绿地，不摘折花木和果实，不追捉、投打、乱喂动物。

（4）保护文物古迹。不在文物古迹上涂刻，不攀爬触摸文物，拍照摄像遵守规定。

（5）爱惜公共设施。不污损客房用品，不损坏公用设施，不占小便宜，节约用水用电，用餐不浪费。

（6）尊重别人权利。不强行和外宾合影，不对着别人打喷嚏，不长期占用公共设施，尊重服务人员的劳动，尊重各民族宗教习俗。

（7）讲究以礼待人。衣着整洁得体，不在公共场所袒胸赤膊；礼让老幼病残，礼让女士；不讲粗话。

（8）提倡健康娱乐。抵制封建迷信活动，拒绝黄、赌、毒。

2.《中国公民出境旅游文明行为指南》

中国公民，出境旅游，注重礼仪，保持尊严。
讲究卫生，爱护环境；衣着得体，请勿喧哗。
尊老爱幼，助人为乐；女士优先，礼貌谦让。
出行办事，遵守时间；排队有序，不越黄线。
文明住宿，不损用品；安静用餐，请勿浪费。
健康娱乐，有益身心；赌博色情，坚决拒绝。
参观游览，遵守规定；习俗禁忌，切勿冒犯。
遇有疑难，咨询领馆；文明出行，一路平安。

三、旅游资源保护的措施

旅游资源保护是相对旅游资源开发提出来的，它不仅包括对旅游资源本身的保护，还涉及对周围环境的保护。因此，旅游资源保护的措施主要有以下几个方面：

1．资源保护

旅游业的发展依赖于“大自然的恩赐和社会的遗产”，因此，必须对旅游资源本身进行保护。

（1）完善管理体制

完善执法管理体制，建立健全旅游资源保护法律法规，及时纠正旅游活动中破坏旅游资源的种种不正当行为，杜绝“有法不依、执法不严、违法难究”现象，真正将旅游资源保护工作落到实处。

（2）运用科技手段

重视运用各种科技手段保护旅游资源，同时加强对旅游活动的管理和引导。对于那些会导致旅游资源受到威胁的旅游活动，应给予一定的限制；对于某些旅游景区在某些时段内的超负荷运转，应采取有效的措施对游客进行疏导、分流或限制；对游客的旅游行为，要加强管理并建立奖惩制度。

（3）重视修复和养护

认真做好旅游资源的修复和养护工作，对于某些自然旅游资源，由于对生态环境有较强的依赖性，因此必须搞好生态建设；对于一些文物古迹和历史建筑，可以采用整修复原、修复如旧和仿古重修的方法使其重新“复活”；对于那些出露于地表的历史文物古迹，应采用科技手段减慢其风化过程。例如，河南焦作云台山红石峡景区的栏杆，原料用的是水泥，而外观是仿木的“树枝”，既保护了游客，又不破坏景区的自然环境。

2. 生态环境保护

环境是开展旅游活动的依托和氛围，旅游业的发展不断塑造并影响着环境。环境保护工作刻不容缓。

（1）倡导环保旅游

加强环境保护宣传，提高公民环保意识，积极倡导环保旅游。

（2）重视防治结合

采取预防为主、防治结合、综合治理的原则，做到防患于未然，对已形成的环境污染和破坏进行积极治理。

3. 社会文化保护

旅游业发展在给旅游地的社会、经济和文化带来繁荣的同时，也带来了一定的负面影响。为了避免这种尴尬局面的发生，应该加强对旅游地社会文化的保护。

（1）重视复兴传统文化

加强民族自豪感教育，复兴传统文化，保持自身传统文化的独特魅力。

（2）正确对待外来文化

引导旅游地居民正确对待外来文化，取其精华，去其糟粕，有选择地吸收先进文化，不盲目崇拜、全盘接受吸收腐朽文化、颓废文化等。

（3）划定本土文化保护区

划定本土文化保护区，避免外来文化的冲击。如通过划清外来文化和本土文化之间的界限，从而把旅游对本土文化的冲击减少到最低程度。

案例学习

黄山首创“景点封闭轮休”

黄山对外开放后，海内外游人每年以15%的速度递增。1987年，黄山风景区在全国首创“景点封闭轮休”，20多年来，黄山相继对天都峰、莲花峰、始信峰、丹霞峰、狮子峰等核心热点景区执行了为期2～4年不等的封闭轮休，促进了生态系统休养生息和景观资源的持续利用。2010年8月，黄山风景区制定的《黄山风景名胜区景点封闭轮休规范》系列标准，通过了省质监局组织的专家评审。这是我国首项景点封闭轮休地方标准。

1. 黄山为什么要对部分热点景区进行封闭轮休？

2. 除了游客对旅游资源产生的破坏之外，旅游资源遭受破坏的原因还有哪些？

3. 除了对热点景区进行封闭轮休之外，旅游资源保护的措施还有哪些？

点评：

1. 随着游客的大量进入，不可避免地对旅游资源产生破坏，不利于旅游资源的可持续利用。

2. 自然因素的破坏（突发的自然灾害、缓慢的自然破坏过程、生物作用的破坏），人为因素的破坏（建设性破坏、生产生活性破坏），旅游者到来产生的破坏（游客到来产生的影响、部分游客的不文明行为、旅游超载）。

3. 解决措施（加强立法，使旅游资源保护有法可依；科学规划，规范旅游资源开发行为；重视对旅游活动的管理和引导；重视旅游资源的恢复和维修）。

思考与练习

1．旅游资源概念的核心是什么?
2．你认为旅游资源有哪些分类方法?
3．如何认识旅游资源的特点?
4．旅游资源评价的内容有哪些?
5．简述旅游资源开发的必要性。
6．旅游资源被破坏的原因有哪些?避免旅游资源被破坏的措施有哪些?

第四章

旅游业

chapter 4

旅行社、旅游饭店和旅游交通是旅游业的三大支柱，它们直接为旅游者提供服务，以保证其旅游活动的顺利进行。因此，科学地经营和管理旅行社、旅游饭店和旅游交通运输企业，不断提升这些旅游企业的核心竞争力，对旅游业的长足发展有重要意义。

学习目标

- 熟悉旅游业的概念与特点
- 掌握旅行社的分类及其作用
- 掌握旅游饭店的分类及其在第二次世界大战后的发展趋势
- 掌握旅游交通的作用及其特点

第一节　旅游业概述

一、旅游业的概念

旅游的发展，尤其是第二次世界大战后大众旅游的兴起，推动了旅游业在世界各地的飞速发展，并确立它在国民经济中的产业地位。根据世界旅游理事会的报告，1996年，全世界旅游产业总产值占全世界GDP总量的10.7%；全世界居民旅游消费支出占全球总消费支出的11.3%；全世界旅游业的资本投资占全球总投资的11.9%；全世界旅游业直接和间接就业人数占全世界就业劳动力的10.8%。从这些数字可以看出，进入20世纪90年代后，旅游业已经成为世界上最大的产业之一。

既然旅游业发展迅速，而且已经成为世界上最大的产业之一，那么，到底什么是旅游业呢?

旅游业是以旅游资源为凭借，以旅游者为主要对象，通过提供旅游服务满足旅游者需求的综合性产业。

从旅游业的定义可以看出，旅游业是依托旅游资源的，旅游资源是旅游业发展的基础。同时，旅游业是以旅游者为服务对象，这一点界定了旅游业作为产业的性质。什么是产业呢? 产业是其主要业务或产品大体相同的企业类别的总称。旅游产业虽然由不同行业组成，并且其产品差异很大，如饭店业提供食宿服务，交通业提供交通服务等，但都是以旅游者为服务对象，为满足旅游者的需求而提供服务的，这就是旅游业构成产业的原因。并且，旅游业是一个综合性的产业，它是为了满足旅游者在旅游过程中的全部需要，包括行、游、住、食、购、娱等方面，涉及面广，不是其中的某一个行业就能代替的。

知识链接

2016年全年旅游统计数据报告及2017年旅游经济形势预测

中国旅游研究院发布的《2016年全年旅游统计数据报告及2017年旅游经济形势预测》显示：2016年全年，国内旅游44.4亿人次，增长11.0%；入出境旅游2.6亿人次，增长3.9%；全年实现旅游总收入4.69万亿元，增长13.6%。预计2017年国内旅游继续保持高位增长，入境旅游继续回暖，出境旅游回归理性。

1. 2016年全年旅游统计数据报告

2016年全年，全域旅游推动旅游经济实现了较快增长，大众旅游时代的市场基础更加厚实，产业投资和创新更加活跃，经济、社会效应更加明显，旅游业成为“稳增长、调结构、惠民生”的重要力量。

根据国内旅游抽样调查结果显示，2016年全年，国内旅游人数44.4亿人次，比上年同期增长11.0%。其中，城镇居民31.95亿人次，增长14.03%；农村居民12.4亿人次，增长4.38%。国内旅游收入3.94万亿元，增长15.19%。其中，城镇居民花费3.22万亿元，增长16.77%；农村居民花费0.71万亿元，增长8.56%。

2016年全年，入境旅游人数1.38亿人次，比上年增长3.8%；入境过夜旅游人数5 927万人次，比上年增长4.2%。国际旅游收入1 200亿美元，比上年增长5.6%。2016年全年，中国公民出境旅游人数1.22亿人次，比上年增长4.3%。出境旅游花费1 098亿美元，比上年增长5.1%。

2016年全年，入境外国游客人数3 148万人次，亚洲占67.5%，美洲占10.7%，欧洲占17.3%，大洋洲占2.6%，非洲占1.9%。入境外国游客中，按年龄分类，14岁以下占3.6%，15 ~ 24岁占9.6%，25 ~ 44岁占46.8%，45 ~ 64岁占34.3%，65岁以上占5.7%；按性别分类，男性占63.0%，女性占37.0%；按目的分类，会议商务占18.4%，观光休闲占33.4%，探亲访友占3.1%，服务员工占15.0%，其他占30.1%。

2. 2017年旅游经济形势预测

2017年是实施“十三五”规划的重要一年，也是推进供给侧结构性改革的深化之年。我国旅游市场规模稳步扩大，旅游业在创新发展中继续领跑经济增长。我国旅游已经发展到大众化旅游中高级阶段，向日常休闲回归，差异化游憩环境逐渐成为休闲的手段。休闲需求进入越来越多百姓的日常生活，国内旅游需求旺盛。预计2017年国内旅游人数达到48.80亿人次，同比增长10.0%。

在国内旅游市场环境不断改善的背景下，入境旅游市场将继续保持稳步复苏的势头，进入全面恢复的发展通道。预计2017年入境旅游人数有望达到1.43亿人次，国际旅游收入达到1 260亿美元。

2017年出境旅游市场进入相对稳定的发展阶段，出境旅游人数预计可达1.27亿人次。

二、旅游业的构成

根据联合国的《国际产业划分标准》，旅游业主要由三部分构成，即旅行社、旅游交通部门和以饭店为代表的住宿业（见表4—1）。在我国，旅行社、旅游饭店、旅游交通通常被称为旅游业的三大支柱。

表 4—1　　旅游业的构成

旅行社	住宿业	交通运输业
旅游经营商 旅游批发商 旅游零售代理商 国际旅行社 国内旅行社	饭店、宾馆 出租住房 出租公寓、别墅 度假村 野营营地	航空公司 海运公司 铁路公司 公共汽车、长途汽车公司

三、旅游业的特点

从旅游业的概念和构成可以看出，旅游业与其他产业相比，具备以下特点。

1．综合性产业

旅游业的服务对象是旅游者。旅游者旅游活动的需要是多种多样的，旅游业是为满足旅游者的需要而提供各种综合服务，包括从离家外出直至返回定居地这一期间在行、游、住、食、购、娱等各个方面。

在旅游业的发展过程中，尤其是旅游目的地，必须重视旅游业的整体协调发展。如果交通设施不完善，就会影响游客的进入；如果住宿供给不足，就会影响游客的停留等。所以，任何一个行业发展的滞后，都会导致其他行业客源量的减少，只有各行业相互配合、相互支持，才能共同促进当地旅游业的发展。

2．依托性强

旅游业的发展首先依托旅游资源，旅游业的发展取决于旅游资源的特色与丰富程度。旅游资源是旅游业发展的物质基础，是旅游业发展的先天条件。人们出游的动机首先受旅游资源的吸引，同时，旅游资源组合程度越高，其吸引力越强。如云南由烟草业向旅游业转型，并且旅游业在全国率先成为支柱产业，一个重要基础就是云南拥有数量多、类型丰富、品位高而且组合度极好的旅游资源。

其次，旅游业的发展依托于国民经济的发展，在需求方面取决于人们可自由支配的收入水平和闲暇时间；在供给方面取决于旅游基础设施的建设水平。

再次，旅游业的发展依托于各有关部门和行业的通力合作和协调发展。

3．关联性强

由旅游业的综合性和依托性所决定，这种关联性不仅涉及直接为旅游者提供产品和服务的行业，如住宿餐饮业、交通运输业、观赏娱乐业等，还涉及间接为旅游提供产品和服务的行业，如邮电、银行、医疗、地产等。由于旅游业高度的相关性特点，因此它具有很强的带动性。也正因为这个原因，各地都很重视旅游业的发展，并把旅游业作为新的经济增长点或支柱产业来对待，通过发展旅游业，来带动相关产业的发展，进而推动当地经济的发展。

4．敏感性强

旅游业是一个敏感性很强的行业，主要体现在以下两个方面：

（1）旅游需求具有较大的弹性，并受多种因素的影响，如自然的、政治的、经济和社会的因素，只要其中一个因素发生变化，旅游业就首当其冲地受到影响。

（2）旅游业的高度依托性决定了旅游业必然是敏感的，其发展受其他行业发展的制约。

所以，旅游业的敏感性也决定旅游业在发展过程中的脆弱性。

5．涉外性强

旅游活动是一种跨地区、广泛的人际交往活动，既有国内旅游，又有出境旅游、入境旅游。对于旅游业来说，也需要与之相适应的产业，这就培育了旅游业国际化的特点，要求满足各个客源国的需求，与世界旅游业接轨。

案例思考

一、“非典”对我国旅游业的影响

2003年我国的“非典”我们可能还记忆犹新，其中受到重创的行业就是旅游业。从4月份开始，旅游业已经陷入困境。进入5月份，涉外旅游已基本停止，同时，国内绝大多数旅游城市因“非典”而暂停接待游客。

从全国各地的旅游业看，北京、广东、山西、内蒙古等地的旅游业所受影响最大。来自北京市统计局的统计数据显示，截至2003年5月底，“非典”使北京减少海外旅游者48万人次，减少国内游客870万人次，共损失旅游收入110亿元。

1.“非典”现象反映了旅游业的哪些特点？

2. 举例说明哪些因素会对旅游业产生影响。

二、“5·12”地震对四川旅游业的影响

2008年5月12日，一场突如其来的汶川大地震，让中国旅游资源大省四川遭遇了前所未有的考验。截至2008年5月27日，汶川地震已造成四川旅游业损失达624亿元，相当于去年四川省全年旅游总收入的一半。

据四川省旅游局的数据显示，在此次汶川地震中，四川省4 000多个旅游景区被损坏了568个，累计损失达278.40亿元。

据了解，在这次汶川地震中，四川省旅行社行业损失累计达2.83亿元，宾馆饭店业损失达95.35亿元，旅游城镇接待设施损失99.14亿元。

1.“5·12”大地震反映了旅游业的哪些特点？

2.“5·12”大地震与“非典”相比，其影响有哪些相同点和不同点？

第二节 旅 行 社

旅行社作为一个行业出现的历史并不长。工业革命后，生产力高速发展，人们的收入增加，工作更加紧张，闲暇时间增多，旅游需求更加强烈，旅游规模迅速扩大，同时交通运输不断进步，旅馆、餐饮业迅速发展等，在旅游需求和旅游供给的共同推动下，旅行社应运而生。

1855 年，托马斯·库克以包价的形式组织了从英国莱斯特到法国巴黎的旅游活动，这是世界上首例出国包价旅游活动。1965 年，库克正式在伦敦开设了自己的旅游办事处——“托马斯·库克父子公司”，标志着世界上第一个以营利为目的、面向社会大众提供专业化旅游服务的机构正式成立。

知识链接

自托马斯·库克创办第一家旅行社以后，随着旅游需求的不断发展，旅行社在全世界范围内也得到了迅速发展。1850 年美国运通公司开始兼营旅行代理业务，并于 1891 年开始旅行支票业务。1857 年英国成立了帐篷俱乐部。1890 年法国、德国成立了观光俱乐部。1893 年日本设立了专门接待外国游客的“喜宾会”，专门从事招徕和接待外国游客和代办旅行的各项服务，1926 年正式更名为“日本交通公社”。

现阶段，旅行社是旅游行业的组织部门，是旅游业的重要组成部分，旅行社成为旅游业的三大支柱之一。那么，什么是旅行社？旅行社的性质是怎样的？旅行社又有什么样的作用呢？

一、旅行社的概念、性质与作用

1．旅行社的概念

关于旅行社的概念，世界各国没有多大的分歧。我国为了加强对旅行社的管理，保障旅游者和旅行社的合法权益，国务院于 2009 年 2 月正式颁布了《旅行社条例》(以下简称《条例》)。依据《条例》，旅行社是指从事招徕、组织、接待旅游者等活动，为旅游者提供相关旅游服务，开展国内旅游业务、入境旅游业务或者出境旅游业务的企业法人。并根据《旅行社条例实施细则》解释，《条例》所称的招徕、组织、接待旅游者等活动，为旅游者提供相关旅游服务主要包括：安排交通服务，安排住宿服务，安排餐饮服务，安排观光游览、休闲度假等服务，安排导游、领队服务，以及旅游咨询、旅游活动设计等服务。同时，旅行社还可以接受委托，提供下列旅游服务：接受旅游者的委托，代订交通客票、代订住宿和代办出境、入境、签证手续等；接受机关、事业单位和社会团体的委托，为其差旅、考察、会议、展览等公务活动，代办交通、住宿、餐饮、会务等事务；接受企业委托，为其各类商务活动、奖励旅游等，代办交通、住宿、餐饮、会务、观光游览、休闲度假等事务；其他旅游服务。

知识链接

中国旅行社的发展

我国第一家旅行社是陈光甫先生于1923年8月正式成立的上海商业储蓄银行旅行部，1927年6月1日，旅行部自立门户，改名“中国旅行社”。

1949年成立了厦门华侨旅行社，即后来的厦门中国旅行社，是新中国的第一家旅行社。后在北京成立中国旅行社总社。

1954年成立了中国国际旅行社，主要任务是负责访华外宾的食宿、游览等事务，并发售国际线路联运客票。

1979年成立了中国青年旅行社。

2．旅行社的性质

从旅行社的定义来看，旅行社的性质主要是通过为旅游者提供相关的服务而获取营利的。旅行社是沟通旅游产品生产者与消费者的重要流通环节，是通过提供中间商服务获取收益的企业。

（1）旅行社是旅游中间商

旅游者外出旅游所购买的机票、客房、门票等不是由旅行社生产的，而是由相关部门的旅游生产者生产的，旅行社只是组合、设计这些产品来向旅游者进行销售，没有创造新的价值，所以旅行社不是生产性企业，而是沟通旅游产品生产者与旅游者之间的重要流通环节，具有中间商的性质。

（2）旅行社是通过提供旅游中介服务获取收益的企业

旅行社通过设计加工旅游线路，组合旅游产品，为旅游者提供中介服务而获取利润。旅行社的利润主要来自作为中间商环节的批零差价，来自提供代理服务的佣金。因此，旅行社是通过提供中间商服务获取收益的企业。

3．旅行社的作用

旅行社的出现标志着旅游活动进入了一个新的阶段，标志着旅游业的产生。它把原来分散的、个别进行的旅游活动进一步社会化，把旅游需求者和旅游供给者连接起来，促进了旅游的大规模发展。

（1）旅行社是连接旅游需求与旅游供给的纽带

从旅游需求来看，由于旅游者的需求具有多样化、差异化的特点，对于旅游供给来说，客源市场分布广泛，无法进行广泛的有针对性的直接销售。而旅行社距离客源市场近，能够掌握客源市场的详细信息，并且根据旅游者的多样化、个性化需求，设计旅游线路，组合旅游产品，提供个性化的服务。

从旅游供给来看，旅游供给在地域上是不可移动的，旅游资源作为旅游供给的重要组成部分，在分布上不均衡，对于旅游者来说，也不能完全靠自己来掌握供给方面的详细信息，然后设计出游路线，购买旅游产品。

旅游需求的多样化、差异化与旅游供给在地域上的不可移动性等矛盾促进了旅行社的出现，在旅游需求与旅游供给之间形成了一条联系紧密的纽带，从而推动了旅游需求的不断增长和旅游供给的不断扩大。

（2）旅行社是旅游产品的主要销售渠道

旅游产品的生产者，如交通运输部门、饭店等，虽然也直接向旅游大众出售自己的产品，但由于旅游者分布广泛，旅游企业无法依靠自己的力量开拓所有的市场。随着大众旅游的发展（尤其是团队观光游），旅行社成为旅游产品的主要销售渠道。

（3）旅行社的出现方便了旅游者的旅游活动，促进了旅游业的发展

旅游产品包括食、住、行、游、购、娱等诸多方面，旅游者要参加旅游，必须依次对上述各个环节进行购买，而旅行社作为旅游产品经营者与旅游者的中间人，就把旅游产品的诸多方面组合起来，一次性提供给旅游者。所以，旅行社组团的方便性、安全性、实惠性等优势，方便了旅游者，受到旅游者的青睐。随着信息技术和旅游市场的发展，出现了一些新型的旅游代理商，如携程旅行网、艺龙网、去哪儿网、途牛旅游网等，它们适应了旅游市场的需要，为旅游者提供快捷灵活、优质优惠、体贴周到的个性化服务，促进了旅游业的发展。

知识链接

携程旅行网

携程，中国领先的综合性旅行服务公司，由梁建章、季琦、沈南鹏、范敏共同创立于1999年，总部设在中国上海，员工30 000余人。公司目前已在北京、广州、深圳、成都、杭州、南京、厦门、重庆、青岛、沈阳、武汉、三亚、丽江、香港、南通等城市设立了分支机构，在南通设立服务联络中心。携程成功整合了高科技产业与传统旅游业，向超过2.5亿会员提供集酒店预订、机票预订、

旅游度假、商旅管理、美食订餐及旅游资讯在内的全方位旅行服务，被誉为互联网和传统旅游无缝结合的典范。2010 年，携程旅行网战略投资台湾易游网和香港永安旅游。凭借稳定的业务发展和优异的盈利能力，携程旅行网于 2003 年 12 月在美国纳斯达克成功上市。

- 旅游度假产品

目前携程提供数百条旅游度假产品线路，包括“三亚”“云南”“港澳”“泰国”“欧洲”“名山”“都市”“自驾游”等多个度假专卖店，每个“专卖店”内拥有不同产品组合线路多条。客人可选择由北京、上海、广州、深圳、杭州、成都、南京、青岛、厦门、武汉、沈阳等多地出发。

- 酒店预订服务

携程旅行网拥有中国领先的酒店预订服务中心，为会员提供即时预订服务，合作酒店数万家，遍布全球 100 多个国家和地区，有几千家酒店保留房。

- 高铁代购服务

携程于 2011 年 7 月 5 日推出高铁频道，为消费者提供高铁和动车的票务预订服务，进一步方便了人们的出行。

二、旅行社的分类

旅行社的性质虽然在国内外没有分歧，但由于各国的国情、旅游发展状况不同，对旅行社的分类存在着很大差异。

1．国外旅行社的分类

欧美国家对旅行社的分类有二分法和三分法两种。二分法是将旅行社分为旅游批发经营商和旅游零售商两类；三分法则是将旅行社分为旅游经营商、旅游批发商和旅游零售商。

（1）旅游批发经营商

旅游批发经营商是指旅行社根据自己对市场需求的了解和预测，大批量地订购各类旅游产品，如交通运输公司、饭店、旅游景点等产品和服务，然后对这些单项产品进行设计组合，并融入自身的服务内容，使之成为能满足旅游者整体需要的包价旅游产品的旅行社，如美国运通、日本交通公社等。

（2）旅游零售商

旅游零售商是指直接面对旅游者并向其推销旅游产品或为其购买旅游产品提供便利的旅行社，以旅行代理商为典型代表。典型的旅游代理商是托马斯·库克公司，它是英国目前最大的代理商，拥有自己的分支零售网点达 2 000 多个。

（3）旅游批发商

旅游批发商在组成自己的包价旅游产品之后，并不直接向消费者出售这些产品，而是通过第三方，即独立的零售商向消费者零售。

（4）旅游经营商

旅游经营商组成包价旅游产品以后，除了通过第三方向消费者出售之外，还拥有自己设立的零售网络，直接出售包价旅游产品。

旅游批发经营商的规模一般都比较大，因而数量也相对较少。在组团来华旅游的欧美旅行社中，绝大多数都是旅游批发经营商。

旅游零售商主要是以旅游代理商为典型代表，他们规模小，数量多，分布广，代理各旅游企业直接向旅游大众销售产品，或者代理旅游者直接向旅游生产者预订或购买相关的旅游产品与服务。旅游零售商的营业收入主要来自在旅游产品销售过程中被代理企业的佣金。

知识链接

美国运通旅行社

运通旅行社是美国最大的旅行社，也是世界上最大的旅行社。该旅行社于1850年在纽约州布法罗市成立，起初经营货物、贵重物品和现金的快递业务。1882年，美国运通公司推出自己的汇票，并且立即获得成功。

1891年，运通公司推出第一张旅行支票，并由公司为其担保，保证接受这种支票的人不会蒙受任何损失。假如支票被盗或是支票上的签名被人仿冒，公司保证承担损失。公司不靠发行旅行支票的手续费盈利，而是靠每年数十亿美元的浮存进行投资。同年，美国运通公司建立欧洲部，并于1895年在巴黎建立了第一家分公司，随后又先后在伦敦、利物浦、南开普敦、汉堡、不来梅等城市建立了分公司。很快，美国运通公司的办事处和分公司遍布整个欧洲。

在旅游市场巨大发展潜力的诱惑下，美国运通公司于1915年设立了旅行部。1916年，旅行部组织了包括前往远东地区和阿拉斯加的旅游客轮，以及前往尼亚加拉大瀑布和加拿大的包价旅游团。1922年，美国运通公司开始经营通过巴拿马运河的环球客轮旅游。在整个20世纪30年代，美国运通公司开始实施大规模的国内旅游业务计划，公司创办了著名的乘火车前往美国西部地区旅游的“旗帜旅行团”，项目包括交通、住宿、游览观光和餐饮等内容。

第二次世界大战结束后，美国运通公司获得了巨大发展，现已成为世界上最大的旅行和金融集团。除了旅行部和旅行支票部之外，美国运通公司还设有银行部、投资部和保险部。另外，美国运通公司发行的信用卡还是国际上通用的主要信用卡之一。

资料来源：梁智．旅行社经营管理．北京：旅游教育出版社，2003.

2．我国对旅行社的分类

我国对旅行社的分类处在不断调整与变化中，主要是适应旅游市场的需要，同时又结合了我国的国情。

我国旅行社行业曾经处于国旅、中旅、青旅三家旅行社垄断的局面，它们之间具有相对明确的业务分工：中国国际旅行社主要接待来华的旅游者；中国旅行社主要接待港澳同胞和来华旅游的海外华人；而中国青年旅行社则以来华旅游的青年旅游者作为主要接待对象。随着旅游业的进一步发展，仅仅三家旅行社不能满足旅游市场的需求，于是在 1984 年，国家旅游局决定允许更多的企业经营国际旅游业务，并授予它们业务经营所必需的签证通知权。这一举措对我国旅行社的发展起到了积极的促进作用，旅行社在全国范围内迅速发展起来。

为了加强对旅行社的管理，国务院于 1985 年颁布了中国旅行社行业的第一部管理法规，即《旅行社管理暂行条例》，将我国旅行社分为三类：一类旅行社的经营范围是从事对外招徕和接待海外游客来大陆旅游；二类旅行社的经营范围是从事接待由一类旅行社和其他涉外部门组织来华的海外游客；三类旅行社只能经营国内旅游业务。

随着旅游市场的发展，尤其是出境游的发展，我国政府开始允许中国公民出国探亲和旅游。同时，我国国内旅游已经兴起，1992 年国内旅游人数达到 3.3 亿人次。随着客源市场的变化，旅行社的业务也随之进行调整。1996 年《旅行社管理条例》对我国旅行社的分类做了新的调整，将旅行社分为国际旅行社和国内旅行社两类。但是伴随着旅游业的迅速发展，新情况、新问题不断出现，旅行社在经营体制、经营模式、经营行为上都发生了很大的变化，2009 年《旅行社条例》取消了旅行社类别划分，今后旅行社只有业务划分而没有类别划分。

课堂讨论

我国旅行社的分类发生了哪些变化？为什么？

三、旅行社的经营特点

1．旅行社是知识密集型企业

旅行社是沟通旅游者和旅游供应商的中介，以提供中介服务为主，而这些服务的提供需要旅行社从业人员具备各种类型的知识，如景点知识、交通知识、出入境知识、各国各地风俗知识等，旅行社的这种经营性质决定了它是知识密集型的企业。

2．旅行社是依附性很强的企业

旅行社只是一个中介机构，自己本身不生产产品，其产品供应依赖于各个供应商，如饭店部门、交通部门、景区管理部门等，并且其服务质量的好坏直接取决于其供应部门。

3．旅行社是很脆弱的企业

由于旅行社是个依附性很强的企业，这也决定了其具有脆弱性的特点。如果饭店没有客房，或火车（飞机）没有票，就会直接影响旅行社的组团；如果饭店服务质量不好或交通部门服务态度差，就会直接影响旅行社的服务质量。

4．旅行社要求具有良好的企业形象

旅行社提供给旅游者的不是实物产品，旅游者在旅行前无法判定其旅游产品的质量。所以，旅游者选择旅行社更多的是取决于旅行社自身的形象，如知名度、信誉、员工素质、企业文化等。

5．旅行社的业务是一项复杂的组织工作

旅行社的业务包括产品设计与开发、旅游服务采购、旅游产品销售、接待旅游者服务和提供中介服务等方面，其生产和采购关系到各个行业的供应商，其销售关系到各个层次、千差万别的旅游者，其服务关系到各个方面的情况，所以，旅行社的业务是一项复杂的组织工作。

四、旅行社的基本业务

旅行社的基本业务可以概括为三部分：产品开发业务（包括市场调研、产品组织设计、单项产品采购等）、市场营销业务（包括旅游产品的促销和销售等）、旅游接待业务（包括产品服务的咨询、旅游接待与售后服务等）。

1．产品开发业务

旅行社在旅游者的旅游动机形成阶段，通过市场调研等手段，充分了解旅游者的需求，有针对性地进行旅游产品的组织与设计，并对单项旅游产品进行采购与整合，根据市场需求的变化，适当地、有针对性地推出适销对路、物美价廉的旅游产品，以最大限度地满足旅游者的需求。

2．市场营销业务

旅游者在选择旅游产品时，需要根据自身的旅游需求搜集相关的旅游产品信息，在对大量信息进行对比分析后，才会做出旅游产品的购买决定。旅行社的市场营销业务就是在此阶段对旅游者进行适当的、灵活的产品促销活动，向旅游者提供尽可能全面的和最新的旅游产品信息，引导旅游者做出购买决策，向旅游者出售满足其需求的旅游产品。

3．旅游接待业务

当旅游者购买了旅行社的旅游产品并进行实际的旅游活动时，旅行社的接待业务就开始了。旅行社通过产品服务咨询、旅游接待过程中的导游委派、产品计划的实施，安排各项旅游服务，为旅游者提供他们所购买的旅游产品，同时实现旅行社的经济效益。

第三节 饭 店 业

饭店主要是为旅途中的人们提供过夜住宿服务。欧洲最初的食宿设施约始于古罗马时期，并经历了古代客栈时期、大饭店时期、商业饭店时期和现代新型饭店时期等发展阶段。随着社会的进步，经济的发展，旅游者需求的变化，现代饭店已成为以建筑设施为凭借，为旅游者提供住宿、饮食、娱乐、购物等综合性服务的企业。

一、饭店在旅游业中的地位与作用

饭店是旅游综合接待能力的重要体现，是旅游业的三大支柱之一，作为旅游供给部门，在很大程度上推动了旅游业的发展。

1．饭店在旅游业中的地位

（1）饭店是旅游业发展的重要物质基础

饭店的规模大小、数量多少，反映了一个国家旅游业发展的物质基础，是一个国家或地区旅游发展和接待能力的重要指标。纵观世界各国旅游发展态势，凡是旅游接待能力强的国家或地区，都具备了相应规模和等级的饭店。

（2）饭店是旅游者得以完成旅游活动的重要依托

旅游者的食、住、娱等活动在很大程度上由饭店来提供，并且随着旅游活动的多样化、个性化发展，饭店占据了旅游者大部分活动空间，成为满足旅游者个性化需求的重要部分。

2．饭店在旅游业中的作用

（1）饭店是旅游业创收的重要渠道

饭店涉及旅游业的诸多要素，是旅游者消费的重要组成部分。饭店收入在旅游者消费结构中占相当大的比重，尤其是饭店越来越具综合性，其收入越来越可观；并且随着涉外饭店的发展，饭店也成为外汇收入的重要来源。

（2）饭店有助于强化当地的社会文化功能

饭店是所在城市、地区对外社会交往的重要场所，不仅为旅游者提供服务，也为当地群众提供服务，能够强化当地的社会文化功能，提高当地的文明程度。饭店宏伟的建筑和良好的品牌，有助于树立旅游目的地的良好形象，优化和改善旅游目的地的投资环境；饭店良好的硬件，如设施设备、优质的“软件”、员工整洁的仪容仪表、服务方式等，有助于弘扬民族文化，促进旅游目的地社会文明的进步。饭店还可以对社会消费方式和消费结构产生倡导和促进，如饭店服务和产品的社会化、饭店综合经营等，有利于改善旅游目的地人们的生活方式，提高生活质量。

（3）饭店企业有助于创造社会就业

饭店是劳动密集型行业，能够为社会创造很多直接的就业机会；同时饭店又是关联程度高的行业，能够为饭店设备、物品的生产和供应企业提供大量间接的就业机会。

二、饭店业发展简史

随着旅行活动的发展，出现了为旅行者提供过夜休息、餐食的设施。但以“饭店”为称谓的住宿接待设施，在 18 世纪中叶才开始出现，19 世纪中叶以后才真正得到发展。饭店作为旅游接待设施，随着交通工具的发展，尤其是铁路和轮船的问世，拓展了旅行者的活动空间，也使得饭店业大规模发展。总体来说，饭店业的发展主要经历了以下四个时期。

1．古代客栈时期

在西方，客栈时期一般指 12 世纪到 18 世纪这一漫长的历史时期，它是随着商业活动的发展，旅行和贸易的兴起逐渐发展起来的。18 世纪是客栈盛行的时期，在英国等地的客栈除了为过往旅客提供食宿外，还成为人们聚会和相互交往的场所。

古代客栈的特点是：客人大多是旅行的传教士、信使和商人；客栈多位于路边或驿站附近，设备简陋，只提供基本食宿，服务项目少，质量差，不安全。

知识链接

古代经商者一般都组成商队，他们沿途住在商队客栈里，这些客栈必须为旅客提供可容纳几百头牲畜的厩栏。随着公共马车的出现，人们发现，每隔不远的车站旁就有客栈。住宿处往往还提供膳食和啤酒，诸如切片熟肉、盆菜及其他食物。最早的客栈是一幢大房子，内有几个房间，每个房间摆了一些床，旅客们往往挤在一起睡，也有一些受优待的旅客，被安排在最不拥挤的地方安睡。

2. 大饭店时期

大饭店时期一般是指 19 世纪初到 20 世纪初这一时期。在 19 世纪中叶，欧洲出现了许多以“饭店”命名的住宿设施。1829 年波士顿的特里蒙饭店，成为世界上第一家现代化饭店，为整个新兴的饭店行业确立了明确的标准。19 世纪末 20 世纪初，美国出现了一些豪华饭店，其中纽约的广场饭店至今还是美国的一流饭店，崇尚豪华，供应最精美的食物，布置最高档的家具摆设。当时最豪华的饭店代表是凯撒·里兹开办的饭店。除此以外，德国巴登——这一罗马时代著名的温泉疗养地建立的巴典国别墅是第一座富丽堂皇的大饭店，而法国的巴黎大饭店、卢浮宫大饭店（见图 4—1），英国的萨伏依饭店，德国的柏林恺撒大饭店、法兰克福大饭店是这一类型的代表。

图 4—1　卢浮宫大饭店

知识链接

纽约广场饭店

纽约广场饭店（见图 4—2）共有 19 层，高 76 米，长度 122 米，位于纽约市大陆军广场西侧，因此而得名。饭店的正面是第五大道，两侧分别是中央公园南侧和西第五十八街。

广场饭店由著名建筑师亨利·哈登伯格设计，采用法国文艺复兴时期的风格而建，在中央公园南侧构建出一个“城堡”状的建筑。广场饭店的内部装饰极其精致，光是水晶吊灯就有 1 600 多盏，这些水晶吊灯设计复杂华丽，每盏都是价值不菲的艺术品。

大厅中央是著名的“棕榈厅”，棕榈树相映大理石柱，水晶灯经由层层镜面折射，镶金的银器放置在白布桌上光彩夺目。传奇女星玛丽莲·梦露、伊丽莎白·泰勒等名人都曾在这里徜徉。

2007年10月1日，各界名流再次齐聚广场饭店，为饭店的百年庆典增光添彩。生日庆典上演了绚丽的灯光秀和烟花秀，加拿大乐坛常青树保罗·安卡则在庆典上致贺词。面包师罗恩·本·伊斯雷尔还专门为广场饭店的百年庆典烤制了一个巨型生日蛋糕，蛋糕重1吨，模仿广场饭店的造型制成。本·伊斯雷尔说，他们在9月30日和10月1日分部分烘制出这个大蛋糕，以保证新鲜，而糖果外层则花费了数周的时间制作。

图4—2 纽约广场饭店

大饭店的特点是：饭店的客人主要是贵族度假者、上层阶级和公务旅行者；饭店规模大、设施豪华、服务正规，有一定的接待仪式和一定的礼貌礼节。

3．商业饭店时期

商业饭店时期大约从20世纪初到20世纪50年代这一时期。它以20世纪初世界上最大的饭店业主、美国的埃尔斯·米而顿·斯塔特勒建造的饭店为开端，他于1908年建了第一家由他亲自设计的斯塔特勒饭店。

斯塔特勒饭店建立了现代饭店的标准，以“提供普通民众能付得起费用的世界第一流的服务”为经营目标，如每套客房设有浴室，每间浴室的洗脸盆上面的墙上装一面大镜子；饭店设有通宵洗衣、自动冰水供应、消毒马桶坐圈、送报上门等服务项目；一间客房有一部电话；电灯开关安在房门旁边，楼房各层设防火门，门锁与门把手装在一起。

斯塔特勒提出的“客人永远是正确”的至理名言，迄今仍为饭店业主们推崇恪守。

商业饭店的特点是：客人主要是公务旅行者；饭店设施方便、舒适、洁净、安全、服务健全，但较简单，价格合理，经营方向开始以顾客为中心。

4. 现代新型饭店时期

现代新型饭店时期从20世纪50年代至今。随着第二次世界大战后观光旅游的大众化，旅游市场需求也呈现多样化，饭店不再是仅仅向客人提供吃、住的安全场所，其功能日益多样化，除满足舒适、卫生、安全的需要外，还要满足客人对消遣、健身、公务等多种特殊需要，它不仅为外来的旅游者服务，还是当地社会活动的重要场所。

现代新型饭店的特点主要有以下几个方面：

（1）接待对象大众化

随着经济的发展，交通业的不断革命，旅游业开始蓬勃发展。饭店业的接待对象已不再局限于商务旅游者，而是日益增多的旅游观光者。

（2）服务项目综合化，功能齐全化

为了适应现代旅游者的需要，饭店经营向多功能化发展，除了基本的食宿功能外，还为客人提供问询服务、外币兑换服务、洗衣服务、房内用餐服务、电话服务、缝纫服务、医疗服务、按摩服务、健身服务、邮电服务、交通服务、导游服务、保安服务等，此外还提供游泳池、高尔夫球场、会议室、电影院等供客人使用。

（3）类型多样化

为了满足不同客源市场的需要，出现了会议饭店、商务饭店、常住式饭店、度假型饭店、汽车饭店以及各种特色饭店。

（4）连锁化

随着饭店业竞争的不断加剧，饭店日益走上连锁化的道路。当今世界上许多饭店被一些大的饭店集团所控制，像希尔顿、洲际、喜达屋、凯悦、万豪等都已成为跨国经营的著名饭店集团。

知识链接

世界著名饭店集团

1. 万豪国际饭店集团

万豪国际饭店集团的创始人马里奥特的事业从菜根汽水店开始。马里奥特的第一家快餐馆是“路边快餐馆”。1957年，第一家马里奥特旅馆——双桥汽车旅馆开张了，位于华盛顿市区。

万豪国际饭店集团现已成为全球首屈一指的国际饭店管理公司，万豪在美国和其他69个国家及地区拥有2 800多个业务单位。万豪集团的总部设于美国首都华盛顿，雇用约128 000名员工。

2. 最佳西方国际饭店集团

1946年，拥有23年管理经验的旅馆业主Guertin建立了最佳西方汽车旅馆。该旅馆最初是作为饭店向旅游者推荐住宿设施的联系渠道，主要通过前台接线员的电话联系。

最佳西方国际饭店集团主要采取的是一种建立战略联盟的方式，通过其全球预订系统，把各个成员饭店联合起来。

3. 洲际国际饭店集团

洲际国际饭店集团是亚太地区及全球最大并拥有最多饭店品牌的饭店管理集团，在100多个国家拥有、运营及管理的酒店有3 500多家，酒店客房超过54.5万间。其旗下的主要饭店品牌包括：洲际饭店及度假村、皇冠假日饭店及度假村、假日饭店及度假村、快捷假日饭店。

在亚太地区，洲际饭店集团在23个国家经营160多家饭店。洲际饭店集团是一家英国公司，每年接待超过1.5亿客人，以为旅客提供客房为主，并拥有有限的餐饮设施。

三、饭店的类型和等级

旅游饭店业由各种类型、各种等级的饭店设施组成。由于旅游者的旅行目的和动机有所不同，其旅游需求也各不相同。为了满足各类旅游者的需要，同时也便于饭店进行市场定位，更好地做市场营销，出现了不同类别和不同等级的饭店。

1. 根据使用者的访问目的或饭店主要针对的目标市场划分

根据目标市场可分为商务型饭店、度假型饭店、会议型饭店、汽车饭店和常住饭店。

（1）商务型饭店

商务型饭店主要是为商务旅行者提供住宿、饮食和商业活动及有关设施的饭店，多位于城市中心和交通发达的地区。商务型饭店设施齐全，服务项目多，档次较高，具有完整的商业活动设施和通信系统，如直拨海外的电话，迅速的电传、传真设施，投影仪、放映机、录像机和各种规模的谈判室、会议室等（见图4—3）。商务中心提供打字、复印等服务。

（2）度假型饭店

度假型饭店主要是为度假旅客提供住宿、餐饮、娱乐和各种交际活动的饭店，多位于海滨、山城景区或温泉附近，交通比较便利，如图4—4所示。度假型饭店除提供一

图 4—3 商务型会议室

般饭店的服务项目外，还具备多种娱乐设施，以满足客人休息、娱乐和健身等方面的需求，如保龄球、网球、游泳池、酒吧、卡拉 OK、水上游艇、碰碰船、电子游戏等。

图 4—4 度假型饭店

度假型饭店环境优美，客人不仅可以享受到舒适的服务，同时也可以尽情欣赏大自然的景色。世界上最大的度假型海滨饭店——夏威夷希尔顿之村、深圳的西丽湖度假村等都是典型的度假型饭店。

（3）会议型饭店

会议型饭店的主要客人是各种社会团体，专门为举行各种商业、贸易展览及科技讲座等会议服务，如图 4—5 所示。会议型饭店一般设在大都市、政治经济文化中心或交通便利的游览胜地，除具备相应的住宿和餐饮设施外，还配备专门的会议设施和设备，如各种会议厅、多功能厅、展览厅、投影仪、录像设备、扩音设备等，接待国际会议还要具备同声传译装置。

图 4—5 会议型饭店

（4）汽车饭店

汽车饭店一般设在公路旁，为自备汽车旅行的客人提供食宿等服务，有明显标记和专门供旅客停车的车库，如图 4—6 所示。20 世纪 50 年代，汽车饭店的特点是建有较大规模的停车场，且价格便宜，一般采用自动化服务，设有商店和食堂；20 世纪 70 年代后，又增加了洗衣服务、会议室、舞厅等综合性设施。美国的假日饭店集团、华美达饭店集团等拥有大量的汽车饭店。

图 4—6 汽车饭店

（5）常住饭店

常住饭店也称公寓饭店。这类饭店的主要市场是住宿期较长或在当地短期工作与度假的宾客，多位于大中城市的商业中心。常住饭店一般与宾客签订一个租约。这类饭店的客房多采用家庭式布局，以套房为主，并配备适合宾客长期居住的家具和电器设备，通常还提供厨房设施设备，既可以满足商务办公的需要，也可以满足宾客日常生活需要，如图 4—7 所示。

图 4—7　常住饭店

课堂讨论

如果你陪同家人外出游玩，你希望住什么类型的饭店？有哪些设施？
如果你是一位自驾车旅游者，你希望住什么类型的饭店？有哪些设施？
如果你去外地出差，你希望住什么类型的饭店？有哪些设施？

2. 根据饭店规模分类

根据规模大小饭店可分为大型饭店、中型饭店和小型饭店，具体见表 4—2。

表 4—2　　根据饭店规模分类

饭店类型	客房数量	特点	定位
大型饭店	500 间以上	客房多，接待量大，要求设施设备和服务项目十分齐全、完备，服务标准化程度要求高	商业饭店，多属于豪华型饭店
中型饭店	300 ~ 500 间	适用于商业、度假、会议，价格适中，服务项目较齐全，设施也较现代化	以大众旅游者为主要市场，多属于中档饭店
小型饭店	50 ~ 200 间	规模小，服务项目、服务设施有限，只提供一般性服务，价格也比较低廉	青年旅馆

3．根据饭店计价方式分类

根据计价方式不同，饭店可分为欧式计价饭店、美式计价饭店、修正美式计价饭店、欧陆式计价饭店和百慕大式计价饭店，具体见表 4—3。

表 4—3　饭店根据计价方式分类

饭店类型	定义	特点
欧式计价饭店	欧式计价饭店指饭店客房价格仅包括房租，不含食品、饮料等其他费用	直观价格低，利于竞争，同时旅客选择用餐的自由度大。世界各地绝大多数饭店均属此类
美式计价饭店	美式计价饭店的客房价格包括房租及一日三餐的费用	为宾客提供用餐便利，但直观价格高，宾客可选择性小
修正美式计价饭店	修正美式计价饭店包括房租和早餐以及一顿正餐（午餐或晚餐）的费用	使宾客有较大的自由安排白天活动
欧陆式计价饭店	欧陆式计价饭店的房价包括房租及一份简单的欧陆式早餐，即咖啡、面包和果汁	此类饭店一般不设餐厅
百慕大式计价饭店	百慕大式计价饭店的房价包括房租及美式早餐的费用	美式早餐除提供欧陆式早餐的品种以外，通常还提供煎、煮鸡蛋，火腿，香肠，咸肉，牛奶，水果等

4．根据饭店的等级划分

饭店的等级是指一家饭店的豪华程度、设备设施水平、服务范围和服务质量。为了控制饭店产品的质量，维护旅游目的地的对外形象，保护消费者的利益，各国或地区都很重视饭店等级的评定工作。目前，各个国家都采用了各种形式的等级制，通过划分等级来满足不同旅游者的需要，如法国的饭店采用“1～5星”五级；奥地利的饭店采用“豪华、1～4级”等。在饭店的各种等级中，星级制最为普遍，即一星、二星、三星、四星、五星，共分为五个等级。

课堂讨论

我国饭店通常采取什么类型的计价方式？

知识链接

为了适应我国旅游业和饭店业的发展需要，提高旅游涉外饭店的设计、建设、管理和服务水平，使之既具有中国特色又符合国际标准，保护饭店经营者和消费者的利益，国家旅游局于 1988 年制定了《中华人民共和国评定旅游涉外饭店星级的规定》，我国饭店的等级评定开始实施星级制度。

《旅游涉外饭店星级的划分与评定》（GB/T 14308—1993）自1993年10月1日起执行。随着社会经济的不断发展，旅游市场需求趋于多元化和个性化，饭店竞争日益激烈，质量竞争和文化竞争成为饭店竞争的焦点。因此，调整饭店产品结构，创造特色去适应并满足多元化和个性化的旅游市场需求，已成为饭店业发展面临的重大课题。为此，1997年和2003年我国对饭店的星级标准进行了两次修订，现为《旅游饭店星级的划分与评定》，其中最重要的改进就是减少星评的必备项目，设置加高了一级“白金五星级”，从而有利于饭店因时、因地、因店去改革，去创新，增加特色和个性化服务，为旅游者创造更好的旅游环境。

2010年，《旅游饭店星级的划分及评定》（GB/T 14308—2010）发布，该标准规定了旅游涉外饭店星级的划分依据、要求、条件和评定原则，适用于各种经济性质的开业一年以上的旅游涉外饭店，包括宾馆、酒店、度假村等的星级划分及评定。旅游涉外饭店划分为五个星级，即一星、二星、三星、四星、五星，具体见表4—4。星级越高，表示饭店档次越高。星级的划分以饭店的建筑、装饰、设施设备及管理、服务项目、服务水平为依据进行评定。

表4—4　饭店等级星级划分标准

星级	一般划分标准（设施设备、服务项目与质量）
★	设备简单，提供食、宿两项最基本的饭店产品，能满足客人基本的旅行需要，设施和服务符合国际流行的基本水平
★★	设施一般，除食宿基本设施外，还设有简单的小卖部、邮电、理发等便利设施，服务质量较好
★★★	设备齐全，有多种综合服务设施，服务质量较高
★★★★	设备豪华，服务设施完善，服务项目健全，服务质量优秀
★★★★★	设备、设施、服务项目和服务质量均为世界饭店业的最高水平，真正达到这一等级的饭店为数不多

四、饭店业的发展趋势

饭店业是涉外性很强的行业，市场面广，受社会经济影响大。随着信息时代的到来，饭店业也面临着极大的挑战，在今后的发展过程中，无论在硬件上，还是在软件上，都需要紧随国际发展潮流，其发展趋势体现在以下几个方面。

1．饭店经营形式趋于集团化、专业化

第二次世界大战后，全球饭店业迅速发展，不仅体现在档次上，而且还体现在规模上。随着饭店业竞争日益激烈，单体饭店已经不能满足市场的需要，所以，饭店业的

集团化成为趋势，并且还在不断发展，如洲际、喜达屋、希尔顿、雅高、香格里拉等饭店管理公司都形成了一批巨型的饭店集团。这些饭店集团打破了地域和行业限制，实行联号、联合、联网和客源合作，形成网络和规模。并且，饭店集团还会进一步与航空公司、景点、汽车公司等诸方面实行一体化系统经营，形成超大旅游集团。

饭店业的另一个发展趋势就是专业化经营。针对旅游市场的高度细分化，饭店实行专业化经营，将会形成小而专、小而精的特色饭店，如专门的会议饭店、海底宾馆等。

2．饭店服务产品趋于多元化、个性化

饭店的发展经历了规模的扩展，以市场为中心，现在更倾向于以人为中心，时时刻刻以顾客满意为中心，满足旅客生活的、享受的、社交的、休闲的、健身的多元化需求。

随着人们生活方式的变化，旅游消费需求也在向高级阶段发展。旅游者由原来的数量消费、质量消费向个性化消费转变。因此，饭店服务产品发展的趋势就是从统一化转向多元化，从标准化转向个性化。如个性化定制服务，就是按照旅客的需求，进行定制生产产品；饭店设置大堂助理、对客服务中心、金钥匙服务等专门为顾客提供个性化服务。

3．主题饭店成为潮流

随着饭店行业竞争加剧，饭店越来越追求文化内涵，主题饭店应运而生。主题饭店也称为“特色饭店”，是以某一特定的主题来体现饭店的建筑风格和装饰艺术，以及特定的文化氛围，让顾客获得富有个性的文化感受；同时，将服务项目融入主题，以个性化的服务取代一般化的服务，让顾客获得欢乐、知识和刺激。历史、文化、城市、自然、神话童话故事等都可成为饭店借以发挥的主题。

主题饭店的推出在国外已有近 50 年的历史。1958 年，美国加利福尼亚的麦当那旅馆（见图 4—8）率先推出 12 间主题房间，后来发展到 109 间，成为美国最早、最具有代表性的主题饭店。

图 4—8　美国麦当那旅馆

知识链接

最初只为庆祝圣诞夜而建造了12间主题套房的汽车旅馆，正是这12间套房，使麦当那旅馆在后来被誉为“美国最早、最具有代表性的主题旅馆”。

麦当那旅馆占地2 200英亩，它的外部形态可以分割成好几种建筑风格，有的像用白云石雕成的汽车加油站，有的则像饭店、酒吧和咖啡屋。

麦当那旅馆目前共有109间套房，旅馆里还设有咖啡厅、餐厅、酒吧，主建筑体内设有面包店、女性用品专卖店、男士服装店、酒窖、美食家礼品店，还有一个休息间。

旅馆的客房风格迥异，而且每个房间都有不同的主题，每个房间的装饰风格、建筑结构都不一样，甚至有些房间要提前一年预约才能住上一晚。

我国第一家真正意义上的主题饭店，是2002年5月在深圳开业的深圳威尼斯酒店，它融合了文艺复兴和欧洲后现代主义的建筑风格，以威尼斯文化为主体进行装饰，如图4—9所示。

图4—9 深圳威尼斯酒店

目前，世界上的主题饭店以美国的“赌城”拉斯维加斯最为集中和著名。拉斯维加斯的主题饭店具有规模大、层次多、变化快的特点，它们充分利用空间和高科技的手段，配以大型演出，使饭店增色不少。如图4—10所示的金字塔饭店，以埃及金字塔为主题，外形是狮身人面像，有4 407个客房，是世界上第三大度假饭店。

4．经济型饭店发展迅速

经济型饭店突出其“经济型”的特点，其概念产生于20世纪80年代的美国，近几年才在中国出现。经济型饭店的特点之一是功能简化，它把服务功能集中在住宿上，力

图 4—10　金字塔饭店

求在核心服务上精益求精，而把餐饮、购物、娱乐功能大大压缩、简化，甚至不设，投入的运营成本大幅度降低。

近年来在我国发展的经济型饭店有锦江之星（见图 4—11）、如家等。并且，国际知名饭店也将自己很成熟的经济型饭店品牌打入中国，如洲际饭店集团下属的经济型饭店品牌“快捷假日饭店”已开始在北京、西安、郑州启动；美国著名的经济型饭店品牌“速 8”等早就在京沪等城市启动；雅高集团在我国天津独自投资 3 500 万元建造了首家经济型饭店宜必思 (Ibis)。

图 4—11　锦江之星饭店

经济型饭店弥补了我国高星级饭店价格昂贵、出租率低的弊端，成为我国饭店市场的新宠，并且发展迅速。

第四节　旅游交通业

一、旅游交通的作用

旅游交通是一种为旅游者提供直接或间接交通服务所产生的社会和经济活动，是为旅游者由客源地到目的地的往返，及在目的地各处的旅游活动而提供的交通设施及服务。

近代旅游业的开端是以旅游交通的发展为前提的。产业革命时期，科学技术的发展使蒸汽技术广泛运用于交通运输业，这就为旅游者的长途出游创造了条件。

概括来说，旅游交通业的作用有以下几个方面：

第一，旅游交通是旅游业产生和发展的先决条件。现代大众旅游的发展，在很大程度上是由于交通的发展。随着火车、轮船的发明，尤其是喷气式客机的普遍使用，大大缩短了空间距离，节省了旅行时间和费用。

第二，旅游交通能促进旅游区的兴起与发展。可进入性是一个旅游区发展的关键，也是旅游吸引力的一个重要因素。而可进入性主要体现在交通方面，必须能够进得去，散得开，出得来。

第三，旅游交通是一种重要的旅游活动方式，丰富了旅游活动的内容。旅游交通不仅仅是旅游者到达旅游目的地的重要手段，而且乘坐交通工具本身也是一种旅游活动方式，如乘坐游船或具有民族特色的交通工具，本身就是一种旅游体验。

第四，旅游交通是旅游活动的一大要素，是旅游经济收入的重要来源。一般来说，距离越远，档次越高，旅游交通运输的费用就越高。据统计，旅游者旅游费用的20%～40%是用于旅游交通方面的。

课堂讨论

在我国旅游景区或旅游地的发展过程中，有哪些景区或旅游地是通过交通发展进而带动旅游资源开发或者旅游景区发展的？

二、现代旅游交通的类型与特点

现代旅游交通主要有公路交通、铁路交通、航空交通和水上交通。不同的交通工具其优缺点不同，在为旅游活动提供便利条件的过程中需要相互协作和相互补充，形成综合运输网络。

1. 公路交通

公路交通运输主要由公共汽车、私家车和出租车组成。在包价旅游的情况下，公共客运汽车还可以提供导游，因此特别受老年人和年轻人的欢迎。

随着人们生活水平的快速提高，越来越多的人拥有了私家车。由于自驾车旅行灵活方便，家庭外出旅游交通费相对较低，行李携带方便，因此我国自驾车旅行已经成为出游的新趋势。在欧美各国，拥有私人小汽车的家庭比例相当高，驾车旅游者占各国旅游者总数的 60%～90%。

汽车租赁业务在国外已经得到快速发展，甚至与航空业的发展并驾齐驱。一方面，汽车租赁可以为其他交通运输方式，如铁路、航空、船运提供重要的辅助性服务；另一方面，随着自助游的不断发展，对汽车租赁业务的需求也越来越大。

知识链接

西欧从 17 世纪以后就有铺装路面的公路。

1891 年汽车开始出现以后，公路交通迅速发展起来。

随着社会的进步，公路的形式也呈现多样化，如高速公路、橡胶公路、彩色公路，甚至在美国还出现了可以移动的公路。

随着旅游的发展，旅游汽车越来越豪华、舒适，有空调、卫生间等，甚至德国还设计了房车（见图 4—12），即“流动旅馆”，深受休闲度假旅游者的欢迎。

图 4—12　房车

随着汽车的普及，尤其是私家车辆的增多，自驾游已成为旅游市场的重要组成部分，同时推动了周边旅游、郊区旅游的发展。

2. 铁路交通

铁路交通运输被誉为最安全的交通方式。与其他交通方式相比，铁路运输方便、廉价、舒适。旅游者在乘坐火车时，可以欣赏沿途美丽的风景。在中国，火车依然是最主要的出行交通工具，在提供游客交通服务上一直发挥着最主要的作用。

优点：运量大、速度快、费用低、受气候和季节的影响较小、连续性强、耗能少、安全系数大。

缺点：灵活性差、建设投资较大、占用土地较多、工程浩大、年限长及短途运输成本高。

知识链接

高 速 铁 路

高速铁路简称“高铁”，是指通过改造原有线路（直线化、轨距标准化），使最高营运速率达到不小于每小时200公里，或者专门修建新的“高速新线”，使营运速率达到每小时至少250公里的铁路系统。高速铁路除了列车在营运时达到一定速度标准外，车辆、路轨、操作都需要配合提升。

作为世界上最早开始发展高速铁路的国家，日本政府在1970年发布第71号法令，为制定全国新干线铁路发展的法律时，对高速铁路的定义是，凡一条铁路的主要区段，列车的最高运行速度达到200公里/小时或以上者，可以称为高速铁路。

3. 航空交通

航空运输是旅游交通的重要组成部分。航空运输是所有交通工具中能使游客实现最快空间转移的交通形式。一个国家或地区的航空运输能力和机场吞吐量，往往更能反映该国家和地区的旅游业发展水平。

优点：速度快、安全舒适，适用于远程旅行。

缺点：运量小、费用高，受气候、季节等影响较大，不能实现点对点旅行。

知识链接

1958年喷气式飞机的出现，大大缩短了人们的旅行时间，于是飞机环球旅行变得越来越大众化。

美国和英国拥有最长的航空线，美国拥有最稠密的航空网，约有3 000个飞机场。

亚洲最大的机场是日本的成田机场。成田机场是利用海岛建立起来的，设备完善，现代化程度很高。

航空客运分为定期航班服务和包机服务两种。

定期航班服务是指在既定的国内或国际航线上，按照既定的时间表提供客运服务，旅游者可以根据自己的出行需求尽早预订机票，获得航空公司的促销票价。航空公司可以根据季节的需求差异，调节定期航班时间。

包机服务是一种不定期的航空包乘服务业务，随着大众旅游的兴起，旅游包机业务发展迅速。

4. 水上交通

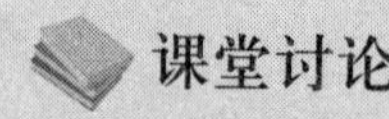

课堂讨论

为什么包机业务受欢迎？

水上交通运输主要有远程定期班轮、海上短程渡轮、游船和内河客运。20 世纪 50 年代以前的近一个半世纪中，远程班轮曾是洲际旅游最主要的交通工具。当时欧美大陆之间的国际旅游非常兴盛，1897 年到美洲大陆访问的英国游客超过 50 万人，而往返于大西洋上的远程班轮则是这种大规模跨海旅游的唯一交通工具。20 世纪 50 年代后，民用航空的高速发展与普及，使远洋客运走向衰落，轮船作为旅游交通工具逐渐把经营重点转到游船业务上来。

第二次世界大战前，海上巡游开始出现，并得到较快发展。海上巡游不再是单纯的交通方式，而成为一种特殊的旅游形式或旅游项目。人们利用游船在海上巡游度假，游船成为“漂浮的旅馆”，可以登岸旅游，在船上住宿、娱乐消遣，免除了每到一地后上下搬运行李和寻找旅馆的麻烦。因此，海上巡游是一种特殊的豪华旅游形式，这种旅游形式实际上就是一种高级度假旅游，其最大特点是舒适、悠闲。海上巡游价格昂贵，耗时较多，主要针对的是富有和高层旅游市场，一般收入低和闲暇时间较少的旅游者难以享用。20 世纪 70 年代初期，海上巡游比较盛行，20 世纪 70 年代中期以后，海上巡游开始衰落。从 20 世纪 80 年代中期开始，这种旅游形式又开始兴起。目前，最流行的海上巡游区域仍在加勒比海域和地中海海域。这些区域之所以受到旅游者的欢迎，是因为这些区域气候温暖，并且可参观游览的旅游地为数众多，距离近，满足了大部分旅游者休闲度假的需求。

内河客运作为旅游交通的重要组成部分，也开始向游船方向发展。世界上一些著名的大江、大河和湖泊的水上游览业务都很繁忙。游船不仅作为现代化的旅游交通工具，也成为一种专项旅游项目。

知识链接

游轮旅游

游轮旅游是用游轮将一个或多个旅游目的地联系起来的旅游行程。这种旅行方式始于18世纪末，兴盛于20世纪60年代。游轮度假风潮是由欧洲贵族开创的，它的精髓在于全家人借浩瀚的海洋去寻访历史，是种优雅、闲适、自由的旅行，是欧美人最向往的度假方式之一。

游轮是海上漂浮的度假村，省去车马劳顿，享受旅游的每分每秒。游轮的精彩生活一般从晚上开始，盛大的晚宴、各色酒店、演出、剧场会让黑夜变得那么短暂。而中午则是游轮的早晨，只有吃完午饭，游轮才开始热闹起来，在甲板上享受日光浴、打高尔夫、在泳池游泳、在健身房做运动、在美容室做SPA、在咖啡馆聊天，如此享受生活，你终将爱上游轮。

5．各种交通方式的优缺点对比（见表4—5）

表4—5　各种交通方式的优缺点对比

交通方式	优点	缺点
公路	机动灵活、方便、舒适、价格低廉，能随时停留，任意选择旅游点	运量小，耗能大，安全系数低，污染程度高
铁路	运量大，速度快，费用低，受气候和季节的影响较小，连续性强，耗能少，安全系数大	灵活性差，建设投资大，占用土地多，工程浩大，年限长，短途运输成本高
航空	速度快，安全舒适，适用于远程旅行	运量小，费用高，受气候、季节等影响较大，不能实现点对点旅行
水运	悠闲舒适，集交通、住宿、餐饮、娱乐于一体	速度慢，时间长，灵活性差，受气候和水文等自然因素影响大

三、特种旅游交通

随着旅游业的发展，人们的需求越来越个性化，不再仅仅满足于常规的需求。特种旅游交通就是为了满足旅游者的特殊需求而产生的交通方式。特种旅游交通除了为旅游者提供空间位移服务之外，还可以满足旅游者体验、增强阅历的需求。一般来说，这类交通工具都体现了较强的地方特色和民族风格，往往更富有娱乐性和享受性。因此，虽然特种旅游交通方式在一定程度上可以起到交通工具的运输作用，但绝大多数在实质上属于旅游服务或游乐项目。特种旅游交通方式往往是为了配合旅游区的开发和旅游活动的开展而设置的，故多分布于旅游景区或景点内。

1．用于景点、景区或旅游区内的专门交通工具，如观光游览车、电瓶车（见图4—13）等。

图4—13　电瓶车

2．在景区或景点内的某些特殊地段，为了旅客安全或节省体力而设置的交通工具，如缆车（见图4—14)、渡船等。缆车又称索道，是用驱动机带动钢丝绳牵引缆车车厢，在距离地面一定高度的空间运行的交通方式，多用于山岳风景区、滑雪场、游乐场等风景旅游区和游乐场所。

图4—14　缆车

3．带有娱乐、体育、辅助老、残、病、幼旅游者游览观赏性质的旅游交通，如轿子、滑竿（见图4—15)、马匹、骆驼（见图4—16) 等。这些交通工具可以给旅游者特殊的体验，在某些特定的环境下，尤其是对交通不便的旅游景区景点具有适用性。

4．带有探险性质及在特殊需要时使用的交通工具，如帆船、热气球（见图4—17) 等，这些交通工具可以满足旅游者增长见识和探新求异的旅游需求。

图 4—15 滑竿

图 4—16 骆驼

图 4—17 热气球

思考与练习

1．什么是旅游业？旅游业有哪些特点？

2．旅行社的性质是什么？旅行社在旅游业中的作用有哪些？

3．国外旅行社的分类和我国旅行社的分类各是怎样的？

4．饭店在古代客栈时期、大饭店时期、商业饭店时期和现代新型饭店时期各有什么样的特点？

5．饭店业的发展趋势是什么？

6．现代旅游交通有哪些类型？各具备什么特点？

第五章

旅游市场

chapter 5

旅游市场通常是指旅游客源市场。对一个国家、地区或旅游企业而言，旅游市场的占有率直接关系到旅游经营的效益。从旅游需求的差异出发，可将总体旅游市场划分为若干个细分市场，有助于旅游目的地和企业选择目标市场，实施有效的市场营销组合，获得更好的经营效果。

学习目标

- 理解旅游市场的概念及特点
- 掌握旅游市场细分的方法
- 了解旅游客流及其规律
- 掌握我国入境、国内、出境旅游市场的基本情况

第一节　旅游市场概述

一、旅游市场的概念

1. 市场

市场是联系产品供应者和消费者之间的桥梁，它是随着商品交换活动的发展而逐渐发展起来的。

广义的市场是商品交换关系的总和，是商品供给与需求矛盾的统一体；狭义的市场是指具有某些相同特点，被认为是某些特定产品的潜在购买者的人群或团体。

2. 旅游市场

旅游市场的概念有广义和狭义之分。

广义的旅游市场是旅游供给者和旅游消费者之间各种交换关系的总和，它以旅游企业生产的旅游线路和与此相关的行、游、住、食、购、娱为交换的对象，反映的是旅游经济活动中各种劳务关系，包括旅游经营者、旅游消费者、旅游产品、旅游产品销售和旅游产品价格等几个部分。

狭义的旅游市场是指旅游需求市场，即旅游产品的实际和潜在购买者。他们由不同地域、不同国度、不同阶层、不同年龄段的游客组成，也可以称为旅游客源市场。

本教材采用狭义旅游市场的定义，即旅游需求市场或旅游客源市场。

二、旅游市场的重要性

对于旅游经营者而言，无论是旅游目的地还是旅游企业，客源市场的重要性都是不言而喻的。只有顾客光顾，经营者才有机会实现盈利。正如享有“管理学之父”美誉的管理学家彼得·德鲁克所说，对于任何行业，“顾客就是生意”“做生意旨在招徕顾客”。

就旅游项目的开发和旅游业的发展而言，如果不了解需求市场的规模、不了解顾客的来源和目标人群的状况、不了解旅游客流的基本规律、不了解本企业或本目的地在市场竞争中的强项和弱点，那么这种旅游开发将是一种盲目的开发。

知识链接

一位外国专家看中国旅游业

中国人自己开发的产品，大多体现的是中国人的口味，不是外国人的口味。中国旅行社（甚至那些在西方待过的经理）一般很难真正理解外国文化。作为外国人，我相信很多中国人大大高估了他们对外国文化的了解程度，他们推出的旅游产品质量较差的原因就在于此。正像一个外国人永远无法真正理解中国人一样，中国人也无法真正理解外国游客的心理。

例如，很多中国人觉得外国人不喜欢吃辣。错！欧洲人和美国人都很喜欢吃辣，在中国吃川菜给外国人留下的印象比北京烤鸭要深（不过，有些菜不宜给外国人上，如白切鸡、内脏、大闸蟹等）。中国人还有一个误区，以为外国人想看中国现代的东西。无论哪个国家现代化的城市，看上去都大同小异。中国人可能对浦东的建设成就非常自豪，但我们的朋友看了却觉得乏味。中国人的另一个误区是，外国游客希望导游形影不离地保护他们。实际上，外国人非常喜欢自己到处走（有导游在反而觉得受到监视）。为了避免类似误解情况的发生，旅行社在开发产品之初就要请外国人参与，这一条非常重要。

中国人往往对唐宋时期的辉煌津津乐道，但外国人则对与西方开始全面接触的清朝更感兴趣（旅行社经理人至少要阅读一本外国人写的有关中国历史或文化的书籍，不失为一个好办法）。中国的美食家或许对鱼翅和海参赞美有加，外国的美食家却可能推荐云南的蘑菇、新川菜和就醋吃的陕西面食。还是那句话，在开发（国际）旅游产品时，请先征求中外有关方面专家的意见，了解什么东西最值得看。

第二节　旅游市场细分

一、旅游市场细分的概念

旅游市场细分就是将整体旅游市场按照消费者的某些特点，划分为几个不同消费者群的过程。所划分出来的每一个消费者群体也就是一个市场部分，通常称作细分市场。

旅游市场细分不是从产品出发，而是以旅游者的需求差异为出发点，根据旅游者购买行为的差异性，把旅游者总体市场划分为许多类似购买群体的细分市场，其目的是使企业选择和确定目标市场，实施有效的市场营销组合，从而以最少的营销费用取得最佳的经营效果。

二、旅游市场细分的意义

1. 有助于选定目标市场

任何旅游目的地和旅游企业都不可能满足所有旅游者的需要，所以，必须在众多的旅游消费者中，选择那些适合自己的目标市场。为了有效选择自己的目标市场，就需要在市场调研的基础上对旅游市场进行细分，进而分析各细分市场的需求特点和购买潜力，然后依据自己的旅游供给或经营实力，有效选定适合自己经营的目标市场。

2. 有利于针对性地开发旅游产品

旅游目的地和旅游企业在选定目标市场的基础上，可以针对这些目标市场的需要，开发适销对路的旅游产品，从而避免因盲目开发而造成的失误和浪费，且为顾客满意提供了基本保证。

3. 有利于针对性地开展促销活动

对旅游目的地和旅游企业来说，促销工作是非常重要的。所谓的“酒香也怕巷子深”，再好的旅游产品如果不被旅游消费者了解，也无法实现其应有的价值。但无论是一个旅游目的地还是一个旅游企业，其营销经费都是有限的，针对目标市场有的放矢地开展促销活动，可以避免因盲目而造成的浪费，提高促销的成效。

三、旅游市场细分的方法

狭义的旅游市场是由旅游产品的购买者或有支付能力的需求者所构成的。这些众多的购买者或需求者中，有些人往往具有某些相同的特点，这些相同特点就成为进行旅游市场细分的标准。根据国内外的相关研究和旅游经营实践，这些标准主要有三类，即地理环境因素、人口统计因素、旅游消费者特点因素。

1. 以地理环境因素为标准细分

以地理环境因素为标准细分，就是按旅游者所在的不同地理位置及其他地理因素（城市、乡村、气候条件）来对市场进行细分的方法。通常人们以旅游客源产生的地理区域或行政区域为标准，来对整体旅游市场进行细分。

以地理环境因素为标准细分旅游市场，有助于了解世界旅游客源的分布情况，从而促使人们进一步研究和发现某些国家或地区产生旅游者多寡的原因。

知识链接

世界旅游组织根据自己研究和开展工作的需要，根据世界各地旅游业的发展状况和产生国际客源的集中程度，将全世界国际旅游市场按照地理区域划分为六大市场，分别是欧洲市场、美洲市场、东亚和太平洋市场、非洲市场、中东市场和南亚市场。

各个国家往往根据国际游客来源的多少，按照游客的国别进行划分。如我国的主要客源国有日本、韩国、俄罗斯、美国、新加坡、马来西亚、泰国、德国、英国等。同样，各个地区也往往根据所接待游客的地域来源，特别是按照游客的行政区划，将其划分为不同的地域市场。

2．以人口统计因素为标准细分

人口细分是按照人口变量，如性别、年龄、收入、职业、教育水平、家庭规模、生命周期等来细分旅游者市场的。

以人口统计因素细分，是因为人口统计因素不仅与旅游需求有着密切的联系，而且比较容易衡量，有关数据相对容易获取，因此成为旅游企业经常使用的方法之一。

3．以旅游者的特点为标准细分

（1）按照旅游者的来访目的划分

按照旅游者的来访目的划分，有观光旅游市场、度假旅游市场、商务旅游市场、生态旅游市场和宗教旅游市场等。

（2）按照旅游者的组织形式划分

按照旅游者的组织形式划分，有团体旅游市场和散客旅游市场。

（3）按照旅游者的来访形式划分

按照旅游者的来访形式划分，有飞机、火车、轮船和汽车旅游等。

一般而言，站在旅游目的地的宏观角度去考虑旅游市场细分问题时，多使用地理因素标准；对于微观层次上具体的旅游企业而言，则更适合在此基础上以旅游者的人口特征和某些行为特点为标准做进一步细分。

案例思考

迪斯尼主题婚礼

结婚市场每年庞大的利润，吸引了全世界许多高档酒店和度假胜地的目光。在这方面，迪斯尼是其中的佼佼者。在迪斯尼举办婚礼如今在美国变得越来越流行，已成为迪斯尼乐园的重要收入来源之一。其实，迪斯尼公司一直注重发展成年人市场，不管是迪斯尼卡通电影，还是迪斯尼乐园，他们认为，迪斯尼的卡通形象可能对成年人更深入其心。1991 年，由于有不少准新娘提出想在灰姑娘的城堡中举行婚礼，迪斯尼公司马上抓住这个商机，为迪斯尼乐园开拓出一个新的市场。现在，迪斯尼乐园每年大概举行2 000场婚礼，比1995年增加了2倍。即使是在恐怖主义可能袭击美国大型游乐场所的威胁下，来迪斯尼公园举行婚礼的新人依旧有增无减。

现在，沃尔特·迪斯尼乐园每天平均至少举办5场婚礼，尤其在假日的时候，生意更加火爆。许多在美国东北海岸和中西部的准新人纷纷远道而来，在迪斯尼乐园筹办他们的终身大事。甚至还有许多千里迢迢从海外赶来的新人们，如有一对从日本来的年轻人，他们在一家电信公司工作，特意把婚礼安排在美国佛罗里达州的沃尔特·迪斯尼乐园。当被问及为什么不在日本而跑来美国举办婚礼（日本也有迪斯尼乐园）时，新娘说："因为我们觉得这里的迪斯尼文化更加原汁原味，场景也更加真实。我们和'米老鼠'一起跳舞，跳着跳着，当'米老鼠'突然单膝下跪、很绅士地亲吻我的手的时候，我感到快乐极了，这是我从小的愿望。"

你能从这个案例中发现市场细分的意义吗？

第三节　旅游客流及其规律

一、旅游者流量与流向

无论是国际旅游还是国内旅游，每年都会有大量的旅游者从常住地流向目的地，又从旅游目的地返回常住地。旅游者这种大规模的移动，形成了一定的流向和流量。

当旅游者从常住地出发，到不同的旅游目的地去观光游览、娱乐消遣，便构成了具有一定流向、流量特性的游客群体，这个游客群体称为旅游客流。

流向是指旅游者从居住地到旅游目的地所形成的旅游指向，是旅游者根据自己的旅游动机与经济能力对旅游目的地所做的选择；

流量是指在一定时间内流向同一目的地的旅游者数量，反映的是一定时期内到达旅游目的地的人次。

二、国际旅游客流的规律

1．国际旅游的流向是由近及远，以近距离旅游为主

近距离出游花费较少，所需时间较短，入境手续比较方便，交通便捷，人文背景相

似，所以，在世界国际旅游客源市场中，近距离的出国旅游占据主导地位，区域旅游异常活跃。

2．旅游的流量主要源于经济发达和文化发达的国家和地区

相比而言，发达国家和地区的旅游者经济支付能力和可自由支配的时间更加充足，而且普遍受教育程度较高，追求精神享受生活的要求更加强烈。因此，发达国家往往成为主要的旅游输出国和地区。

3．远程旅游将有更大的发展前景

远程市场通常泛指旅游接待国所在洲或地区以外的国际客源市场。由于世界经济的发展，人们的收入水平不断提高，闲暇时间增多，这为人们进行远程旅游奠定了基础。同时，由于交通工具的更新换代和信息技术的发展，使人们的旅行生活更加方便快捷。远程旅游的比重不断增加，成为旅游业的一种发展趋势。

在国际旅游中，远程旅游的比例将由 1995 年的 18%增至 2020 年的 24%，而中近程旅游的比例将由 1995 年的 82%降至 2020 年的 76%。无论是现状还是对未来的预测，在远程国际旅游客流中，欧洲、亚太地区和美洲这三地之间的客流一直都是并将继续是其中的主流。

案例思考

根据 20 世纪 90 年代初的统计，美洲出国旅游者中有 70% 是在美洲地区内各旅游目的地旅游，前往区外的仅有 30%；在东亚太地区，出国旅游者中的 75% 是在本地区内的目的地旅游，去区外的仅占 25%；在欧洲，出国旅游者中的 79% 在欧洲以内，前往欧洲以外的仅占 21%。

请思考旅游客流运动的影响因素。

第四节　我国的旅游市场

一、入境旅游市场概述

根据世界旅游组织的解释，入境旅游是指非该国的居民在该国的疆域内进行的旅游。

1. 我国入境旅游市场构成

根据我国对入境旅游者的界定，入境旅游市场由三部分人构成，即外国人（包括外籍华人在内）、海外华侨、港澳台同胞。表5—1所示为近30年间我国入境旅游人数统计。

表5—1　　1978—2013年我国入境旅游人数　　单位：万人次

年份	总计	外国人	海外华侨及港澳台同胞
1978年	180.92	22.96	157.96
1983年	947.70	87.25	860.45
1986年	2 281.95	148.23	2 133.72
1989年	2 450.14	146.10	2 304.04
1992年	3 811.49	400.64	3 410.85
1995年	4 638.65	588.67	4 049.98
1998年	6 347.84	710.77	5 637.07
2001年	8 901.29	1 122.64	7 778.65
2004年	10 903.82	1 693.25	9 210.57
2007年	13 187.33	2 610.97	10 576.36
2010年	13 376.22	2 612.69	10 763.53
2013年	12 907.78	2 629.03	10 278.75

资料来源：根据国家旅游局网站统计资料整理。

从1949年到1978年，我国入境旅游业已具雏形，但尚未形成产业。1978年以后，在改革开放政策的推动下，我国入境旅游业迅猛发展。

由表5—1可以看出，改革开放以后我国入境旅游增幅很快，1978年接待入境旅游者180.92万人次，其中外国人22.96万人次，港澳台侨胞157.96万人次，2013年接待入境旅游者12 907.78万人次，是1978年的71倍，其中外国人2 629.03万人次，增幅为115倍，港澳台侨胞10 278.75万人次，增幅为65倍。其中，外国人增长速度较快，超过了平均增长速度。2004年，中国入境旅游人次突破1亿大关，达到1.09亿，同比增长18.96%。入境过夜旅游人数也首次突破4 000万，达到4 176万人次，同比增长26.66%，超过意大利，跃居世界第4位。

2. 我国入境旅游人数和旅游外汇收入情况

改革开放以后，我国入境旅游人数和旅游外汇收入都有了较大的增长。1978年我国入境过夜旅游者人数是71.60万人次，2013年为5 568.59万人次，是1978年的77.78倍。1978年我国旅游外汇收入为2.63亿美元，2013年达到516.64亿美元，是1978年的196.44倍，2001年旅游外汇收入世界排名达到第5位，见表5—2。

表5—2　　1978—2013年中国入境旅游人数和旅游（外汇）收入世界排名

年份	过夜旅游者人数（万人次）	世界排名	旅游（外汇）收入（亿美元）	世界排名
1978年	71.60	51	2.63	41
1983年	379.10	16	9.41	26

续表

年份	过夜旅游者人数（万人次）	世界排名	旅游（外汇）收入（亿美元）	世界排名
1986 年	900.10	12	15.3	22
1989 年	936.10	12	18.60	27
1992 年	1 651.20	9	39.47	17
1995 年	2 003.40	8	87.33	10
1998 年	2 507.29	6	126.02	7
2001 年	3 316.67	5	177.92	5
2004 年	4 176.14	4	257.39	7
2007 年	5 471.98	4	419.19	4
2010 年	5 566.45	3	458.14	4
2013 年	5 568.59	4	516.64	4

资料来源：根据国家旅游局网站统计资料整理。

相比较接待入境旅游者人数而言，中国的国际旅游外汇收入增长更快，但是同其他世界四强的差距也更大，特别是与排名第一的美国差距很大：中国旅游外汇收入大约相当于美国的 1/3。要在国际旅游外汇收入指标上排名第一，比接待入境旅游者人数达到世界首位需要的时间更长。

3．我国主要国际客源分布地区（见表 5—3）

表 5—3　　外国人来华旅游市场的分布

市场分布	全球	亚洲	欧洲	美洲	大洋洲	非洲	其他
1999 年来访人次（万人次）	588.7	351.84	145.49	69.73	15.85	4.08	1.69
1999 年所占比重（%）	100	59.8	24.7	11.8	2.7	0.7	0.3
2007 年来访人次（万人次）	2 610.97	1 607.03	620.73	272.10	72.85	37.91	0.34
2007 年所占比重（%）	100	61.5	23.8	10.4	2.8	1.5	0.0
2013 年来访人次（万人次）	2 629.03	1 608.83	566.00	312.38	86.34	55.27	0.22
2013 年所占比重（%）	100	61.2	21.5	11.9	3.3	2.1	0.0

资料来源：根据国家旅游局网站统计资料整理。

表 5—3 中的统计数字表明，外国人来华旅游市场按规模大小排列，依次为亚洲、欧洲、美洲、大洋洲和非洲市场。可以预计，在今后相当长的时期内，外国人来华旅游市场的排列顺序不大可能再出现大的变化。

4．我国主要客源国

关于我国旅游业的主要国际客源国，人们往往依据其来华旅游人次的多少进行排列和认定。我国的主要旅游客源国，具体见表 5—4。

表 5—4　　前 10 位客源国的范围和排序

排序	1981 年	1988 年	1991 年	1995 年	2001 年	2007 年	2013 年
1	日本	日本	日本	日本	日本	韩国	韩国
2	美国	美国	美国	韩国	韩国	日本	日本
3	英国	英国	前苏联	美国	俄罗斯	俄罗斯	俄罗斯
4	澳大利亚	德国	英国	俄罗斯	美国	美国	美国
5	菲律宾	菲律宾	菲律宾	蒙古	马来西亚	马来西亚	越南
6	法国	泰国	马来西亚	新加坡	新加坡	新加坡	马来西亚
7	新加坡	新加坡	新加坡	马来西亚	菲律宾	菲律宾	蒙古
8	德国	法国	德国	菲律宾	蒙古	蒙古	菲律宾
9	泰国	加拿大	泰国	英国	英国	泰国	新加坡
10	加拿大	澳大利亚	法国	泰国	泰国	澳大利亚	澳大利亚

资料来源：根据国家旅游局网站统计资料整理。

20 世纪 80 年代中期，我国旅游业主要国际客源国的范围和排列顺序相对比较稳定。但进入 20 世纪 90 年代以后，其范围和排列顺序都有了明显的变化。按照 2013 年的统计，我国旅游业主要客源国的前 10 位依次为韩国、日本、俄罗斯、美国、越南、马来西亚、蒙古、菲律宾、新加坡、澳大利亚。在这 10 个国家中，有 7 个在亚洲，1 个在欧洲，1 个在美洲，1 个在大洋洲。

二、我国在入境旅游市场竞争中存在的问题

在改革开放以来 30 多年的时间里，我国旅游业在开拓和巩固国际客源市场方面取得了令人瞩目的成绩。在国际游客接待量方面，我国已经进入全世界前 10 大旅游接待国行列。在国际旅游收入方面，我国在 1996 年已经突破 100 亿美元大关，2013 年达到 516.64 亿美元。旅游业是一个市场导向的行业，也是一个竞争激烈的行业。在旅游业已经进入买方市场的今天，我们必须对我国旅游业在国际客源市场竞争中的不利因素有一个清醒的认识。

1．地理位置远，交通成本高

我国的地理位置距世界大多数主要客源国比较远。北美游客来华旅游的国际间往返交通费用约占旅游全程费用的 40%，欧洲各主要客源国与中国之间的距离平均也在 1.2 万千米左右。以 20 世纪 80 年代中期的情况为例，从欧洲各主要城市至北京的定期航班往返票价为 1 000 ~ 2 000 美元，占欧洲游客来华旅游全部费用的 1/3 ~ 1/2，距离成

为来中国旅游的一大障碍。而对于以接待观光旅游和疗养旅游为主的旅游目的地来说，由于不少国家都有这方面的类似资源，因此，在出现与客源国有关的经济危机和运输价格上涨的情况下，首先受到打击的便是距离客源国较远的旅游目的地。

2. 周边国家和地区旅游业的激烈竞争

我国旅游业所处的区域性国际环境为东亚和太平洋地区，这一地区内各主要旅游目的地所面对的国际客源市场有着惊人的共性。这些竞争对手的旅游业都比我国旅游业起步早，在从业经验、服务质量、交通运输和产品价格方面有着一定的优势，是我国内地旅游业的有力竞争对手。

3. 我国旅游产品的开发和质量问题

旅游营销工作是以旅游产品随时适应市场需要为基础的。如果产品保守，不能迎合并满足市场的需求，那么无论怎样强化销售工作也难以获得成效。长期以来，我国入境旅游市场的经营一直依赖于接待团体观光旅游，这种产品类型上的单一化已落后于国际旅游潮流的变化。此外，我国旅游产品在质量方面仍存在着不少一直没有得到完全解决的问题，例如，清洁卫生条件差，旅行日程和交通安排变化多，接待散客旅游的条件不足等。

4. 市场宣传和海外促销工作仍有待改进

近些年来，我国旅游业的对外宣传和海外促销工作已有较大的发展。但同竞争者相比，仍存在很多问题，主要表现在营销经费不足，营销和促销技术尚需改进和提高。

三、国内旅游市场概述

国内旅游市场是我国旅游市场的重要组成部分。我国的国内旅游市场是在改革开放以后逐渐发育起来的，20 世纪 90 年代开始呈现迅猛发展的趋势。国内旅游需求的发展是国民经济持续健康发展、人民生活水平不断提高的体现和必然结果，也是社会进步的重要标志。

1986 年，我国的国内游客数量仅为 2.7 亿人次，国内旅游收入为 106 亿元人民币；2013 年，已达到 32.62 亿人次，是 1986 年的 12 倍，国内旅游收入为 26 276.12 亿元，是 1986 年的 248 倍。2004 年，国内旅游人数首次突破 10 亿，国内旅游收入达 4 710.7 亿元，占全年旅游总收入的 67%。

国内旅游的兴旺发达有力地拉动了内需，促进了消费，带动了相关产业的发展。国内旅游收入 1978 年仅占国内生产总值的 0.5%，2013 年已经占到 4.62%。国内旅游收入 1978 年仅占第三产业增加值的 2.10%，2013 年已占第三产业增加值的 10.02%。国内旅游收入在国内生产总值中所占的比重以及在第三产业增加值中所占的比重都有显著提高，见表 5—5 和表 5—6。

表 5—5　　1978—2013 年国内旅游收入在国内生产总值中所占的比重

年份	国内旅游人数（亿人次）	国内生产总值（亿元）	国内旅游收入（亿元）	比重（%）
1978 年	—	3 645.2	18.4	0.504 8
1986 年	2.7	10 275.2	106.0	1.031 6
1989 年	2.4	16 992.3	150.0	0.882 8
1992 年	3.3	26 923.5	250.0	0.928 6
1995 年	6.3	60 793.7	1 375.7	2.262 9
1998 年	6.95	84 402.3	2 391.2	2.833 1
2001 年	7.84	109 655.2	3 522.4	3.212 3
2004 年	11.02	159 878.3	4 710.7	2.946 4
2007 年	16.10	246 619.0	7 770.6	3.150 9
2010 年	21.03	397 983.0	12 579.77	3.160 9
2013 年	32.62	568 845.0	26 276.12	4.619 2

资料来源：根据国家旅游局网站统计资料整理。

表 5—6　　1978—2013 年国内旅游收入在第三产业增加值中所占的比重

年份	国内旅游人数（亿人次）	第三产业增加值（亿元）	国内旅游收入（亿元）	比重（%）
1978 年	—	872.5	18.4	2.108 9
1985 年	2.4	2 585.0	80.0	3.094 8
1986 年	2.7	2 993.8	106.0	3.540 7
1989 年	2.4	5 448.4	150.0	2.753 1
1992 年	3.3	9 357.4	250.0	2.671 7
1995 年	6.29	19 978.5	1 375.7	6.885 9
1998 年	6.95	30 580.5	2 391.2	7.819 4
2001 年	7.84	44 361.6	3 522.4	8.230 5
2004 年	11.02	64 561.3	4 710.7	7.296 5
2007 年	16.10	96 328.0	7 770.6	8.066 8
2010 年	21.03	173 087.0	12 579.77	7.267 9
2013 年	32.62	262 204.0	26 276.12	10.021 3

资料来源：根据国家旅游局网站统计资料整理。

我国具有极其丰富的旅游资源，同时拥有世界上规模最大的国内旅游市场。特别是 1998 年 12 月召开的中央经济工作会议，确立了旅游业作为国民经济新的增长点的思路，2013 年 2 月国务院办公厅印发了《国民旅游休闲纲要（2013—2020 年）》，标志着由国家主导的国民休闲已经启动，中国 13 亿多人口即将跨入国民休闲时代，国内旅游发展必将迎来新的历史机遇。

四、国内旅游市场的特点

随着我国经济的持续快速增长，人民收入水平和生活质量的不断提高，国内旅游市场的规模迅速扩大，出现了以下值得关注的特点：

1. 市场规模大，发展潜力足

近年来，我国国内旅游需求的发展无论在出游人次上，还是在消费开支上，都已大大超过海外来华旅游市场。

2. 短程旅游所占比重大

目前，我国国民中大多数人的旅游支付能力仍比较有限，加之带薪休假尚未获得普及，多数人所拥有的闲暇时间仍然很分散，所以，国内旅游活动的开展多表现为短程旅游。

3. 旅游活动开展形式以散客为主

在国内旅游活动中，绝大多数出游者都不使用旅行社提供的商业服务。根据2014年的有关调查，在国内城镇居民的外出旅游活动中，参加旅行社组织的团体旅游的游客仅占不足3%，而以散客形式开展自助旅游活动的游客比重高达97%以上。

4. 旅游增长速度快，但消费水平仍较低

从国内旅游消费开支总额来看，1978年仅为18.4亿元人民币，2013年增至26 276.12亿元人民币。从国内旅游的人均消费开支来看，1985年仅为33.33元人民币，2013年增至805.5元人民币。

知识链接

就消费水平而言，我国国内旅游的人均消费水平仍然很低。据统计，2013年我国城镇居民国内旅游的人均消费额为946.6元，农村居民人均消费额为518.9元，按照同年的汇率进行折算，分别相当于152.68美元和83.69美元，这和同期来华入境旅游者的人均消费225.96美元相比，仍处于较低水平。

五、出境旅游市场

中国公民出境旅游从“八五”期间开始产生，“九五”期间逐步兴起，虽然时间不长，但保持了很快的增长率。自20世纪90年代开始，出境旅游人数逐渐增多。1997年7月1日，由国家旅游局与公安部共同制定并经国务院批准的《中国公民自费出国旅游管理暂行办法》发布实施，标志着中国公民自费出国旅游正式开始。

1. 中国公民出境旅游的形式

（1）因公出境和因私出境

中国公民出境行为包括因公出境和因私出境两个部分。其中因公出境人数比较平稳；因私出境的人数增长速度较快，从1993年的146.62万人次增加到2013年的9 196.90万人次，所占比重从1993年的39.20%增加到2013年的93.67%。见表5—7。

表5—7　　1993—2013年中国公民出境情况统计

年份	出境人数（万人次）	因公出境（万人次）	因私出境（万人次）	因私出境所占比重（%）
1993年	374.00	227.38	146.62	39.20
1996年	506.07	264.68	241.39	47.70
1998年	842.56	523.54	319.02	37.86
2000年	1 047.26	484.17	563.09	53.77
2001年	1 213.44	518.77	694.67	57.25
2002年	1 660.23	654.13	1 006.10	60.60
2003年	2 022.19	541.10	1 481.09	73.24
2004年	2 885.00	587.00	2 298.00	79.65
2005年	3 102.63	588.63	2 514.00	81.03
2006年	3 452.36	572.45	2 879.91	83.42
2007年	4 095.40	603.00	3 492.40	85.28
2008年	4 584.44	571.32	4 013.12	87.54
2009年	4 765.63	544.66	4 220.97	88.57
2010年	5 738.65	587.85	5 150.90	89.76
2011年	7 025.00	613.21	6 411.79	91.27
2012年	8 318.27	612.66	7 705.61	92.63
2013年	9 818.52	621.62	9 196.90	93.67

资料来源：根据国家旅游局网站统计资料整理。

（2）出国旅游、边境旅游和港澳台旅游

我国公民出境旅游包括出国旅游、边境旅游和港澳台旅游三个组成部分。

1）出国旅游。出国旅游是指我国公民自己支付费用，在有出境旅游经营权的旅行社组织下，以旅行团的形式，前往经国家批准的旅游目的地国家开展的国际旅游活动。

知识链接

我国公民自费出国旅游，是从出境探亲旅游发展演变而来的。1989年10月，国家发布施行了《关于组织我国公民赴东南亚三国旅游的暂行管理办法》，规定由海外亲友付费、担保，允许我国公民赴新加坡、马来西亚、泰国探亲旅游。1992年7月，又增加批准菲律宾为探亲旅游的目的地国家。

1997 年 7 月 1 日，《中国公民自费出国旅游管理暂行办法》发布实施，我国公民自费出国旅游正式开始，出国旅游的管理工作力度明显加强，出国旅游市场秩序大为改观，逐步走上了健康发展的轨道。

2002 年 7 月 1 日，《中国公民出境旅游管理办法》的实施，标志着我国旅游业进入了一个全面发展的新时期，开始由非常规发展转向常规发展的新阶段。

2）边境旅游。边境旅游是指我国公民在获准有特别经营权的旅行社组织下，以旅行团的形式，从指定的边境口岸出境，到邻国指定的边境区域开展的国际旅游活动。

知识链接

我国的边境旅游于 1987 年开始于辽宁省丹东市。根据丹东市和朝鲜新义州市的年度交流计划，从 1984 年开始，两市互派友好参观团，到对方城市进行为期一天的友好参观活动。在这一基础上，经两市旅游部门协商，一致同意开展两市之间的边境旅游活动，将过去双方互派友好参观团，改为组织各自城市的旅游者自费赴对方城市进行为期一天的旅游活动。国家旅游局和原对外经济贸易部于 1987 年 11 月批准了丹东市对朝鲜新义州市的“一日游”，由此拉开了中国边境旅游的序幕。

现在，几乎所有的边境省区都已经开展了各种形式的边境旅游活动。有些边境旅游开展得有声有色，如中朝边境游可以到平壤、板门店，中俄边境游到达了莫斯科，中缅边境游到达了仰光，中越边境游有陆地旅游和海上旅游。

为了规范对边境旅游的管理，国家制定了《边境旅游暂行管理办法》，于 1997 年 10 月 15 日发布施行。管理办法明确了边境旅游的范围、主管部门、各级旅游局的管理权限，规定了申办边境旅游业务的必备条件，同对方国家边境地区旅游部门签订意向性协议的主要内容，申请开办边境旅游业务的程序，我国公民参加边境旅游的办法，边境旅游的出入境手续，并规定了对各种违法行为的处罚程序。

3）港澳台旅游。港澳台旅游最初是指我国内地居民在获准有特别经营权的旅行社组织下，以旅行团的形式前往香港、澳门、台湾地区开展的旅游活动，但后来也包括我国内地居民赴港澳台的自由行。

知识链接

为了方便内地的港澳眷属到香港、澳门地区探亲访友，广东省旅游公司于1983年11月15日开始组织广东省内居民的“赴港探亲旅游团”。1984年3月，国务院批准了国务院侨办、港澳办和公安部联合上报的《关于拟组织归侨、侨眷和港澳台眷属赴港澳地区探亲旅行团的请示》，规定此项组织工作由中国旅行社总社负责，委托国内各地的中国旅行社承办，由香港和澳门的中国旅行社负责在当地的接待业务。此后，这种最初的赴港澳探亲旅游逐渐演变为今日内地居民的自费港澳游。2008年，随着海峡两岸“三通”的实现，内地居民赴台湾旅游也正式开始。

2．出境旅游市场的特点

（1）增长速度快

首先是出境旅游人次增长速度快。随着出境旅游政策的放宽和出境旅游目的地的增多，近年来我国公民出境旅游的规模在持续增大。虽然因私出境和因公出境人次都在增加，但因公出境人员所占比例相对下降，因私出境人员所占比例则在增大。另外，由旅行社组织的出境旅游人数不仅所占比例较低，而且比重呈下降趋势。出境旅游规模的持续上升和散客比重的不断增大，反映出我国出境旅游市场的发展正在加速走向成熟。

其次是出境旅游消费额增长速度快。根据统计，1982年我国公民出境旅游消费总额仅为6 600万美元，2012年上升至1 020亿美元，已成为世界第一大出境旅游消费国，旅游服务贸易逆差达到519亿美元，创历史新高。

（2）出境旅游目的地的选择范围拓宽

进入21世纪，随着我国国际地位的提升，各个领域中的国际交往都在增多。为了配合这些发展，中国政府将越来越多的国家和地区确定为中国公民出境旅游的目的地。截至2014年年底，经中国与有关国家或地区政府签约，向中国公民开放的出境旅游目的地国家和地区累计达到151个。这使得我国公民自费出境旅游时，对出游目的地有了更多的选择。

（3）客流流向以亚太地区为主

在出境旅游的客流方面，尽管可供选择的目的地很多，但主要流向一直都是近距离的国家和地区，特别是那些开放时间比较早、距离比较近的亚太地区旅游目的地。中国出境旅游客流的主要流向见表5—8。

表5—8　　中国出境旅游客流的主要流向

年份	按出境首站计列的前10位旅游目的地
2000年	香港、澳门、泰国、日本、俄罗斯、韩国、美国、新加坡、朝鲜、澳大利亚
2001年	香港、澳门、泰国、日本、俄罗斯、韩国、美国、新加坡、朝鲜、澳大利亚

续表

年份	按出境首站计列的前10位旅游目的地
2002年	香港、澳门、日本、俄罗斯、泰国、韩国、美国、新加坡、朝鲜、马来西亚
2003年	香港、澳门、日本、俄罗斯、越南、韩国、泰国、美国、新加坡、马来西亚
2004年	香港、澳门、日本、俄罗斯、越南、韩国、泰国、美国、新加坡、马来西亚
2005年	香港、澳门、日本、越南、韩国、俄罗斯、泰国、美国、新加坡、马来西亚
2006年	香港、澳门、日本、韩国、泰国、俄罗斯、美国、新加坡、越南、马来西亚
2007年	香港、澳门、日本、韩国、越南、俄罗斯、泰国、美国、新加坡、马来西亚
2008年	香港、澳门、日本、越南、韩国、俄罗斯、美国、新加坡、泰国、马来西亚
2009年	香港、澳门、日本、韩国、越南、台湾、美国、俄罗斯、新加坡、泰国
2010年	香港、澳门、日本、韩国、台湾、越南、美国、马来西亚、泰国、新加坡
2011年	香港、澳门、韩国、台湾、马来西亚、日本、泰国、美国、柬埔寨、越南
2012年	香港、澳门、韩国、台湾、泰国、日本、柬埔寨、美国、马来西亚、越南
2013年	香港、澳门、韩国、泰国、台湾、美国、日本、越南、柬埔寨、马来西亚

资料来源：根据国家旅游局网站统计资料整理。

（4）港澳台旅游份额大

港澳台作为我国内地居民的出境旅游目的地，具有旅行距离近，文化障碍小等优势，尤其是在中央政府批准开放“港澳自由行”和“内地居民赴台旅游”之后，内地居民前往该地旅游的客流量最大，并一直保持较高的增长速度。

3. 出境旅游的发展前景

21世纪我国的出境旅游市场将会继续成长，不仅出境旅游人次将会继续增加，出境旅游的人员范围以及出游目的地的地域范围也都会继续扩大。

（1）出境旅游条件不断具备

随着我国社会经济的繁荣和小康社会的实现，国民的收入水平将会继续提高。这意味着，除了那些目前已经率先致富的人群之外，未来将会有更多的家庭具备出境旅游的支付能力。另外，随着未来国民休假制度的完善，特别是随着带薪年假的逐渐普及，越来越多的人将会具备实现出境旅游的时间条件。这预示着在未来的发展中，中国出境旅游市场能够得以发育和壮大的客观条件将会变得更加成熟，因消遣性目的而出境旅游的人群规模将会不断增大。

（2）出境旅游越来越便利

我国政府对国民出境旅游的开放政策，例如不断放宽允许旅行社组团出境旅游的目的地范围，不断提高国民用于出境旅游的换汇额度等，加之我国“全球通”等移动通信业务所带来的便利，以及我国“银联卡”在国际上的使用范围不断拓展等，所有这一切可助推出境旅游市场发育的环境条件，有力地推动我国国民出境旅游的发展。

（3）出境旅游市场引起国际社会关注

越来越多的国际旅游目的地国家都已开始在我国设立旅游办事机构，并采取多种招徕措施，面向中国出境旅游市场实施高密度、大范围的宣传促销活动。这一情况的出现和发展，也将对中国出境旅游客流形成一定的刺激和拉力。

思考与练习

1．旅游市场的特征是什么？
2．旅游市场细分的意义有哪些？
3．旅游市场细分的标准有哪些？
4．国际旅游客流的基本规律是什么？
5．简述我国入境旅游市场的概况。

第六章

chapter 6 旅游影响控制

旅游者的旅游活动建立起旅游目的地与客源地之间的联系，也带来了一系列的变化。这些变化既有积极的结果，也有消极的结果，认识旅游活动给社会带来的积极影响和消极影响，可以更深入地认识到旅游活动的本质，也可以指导旅游开发、经营、管理行为更加科学化。这种变化既有经济的变化，更有社会文化的变化，这是旅游活动的必然结果。

学习目标

- 正确看待旅游所产生的积极影响和消极影响
- 掌握旅游对经济、社会文化和生态环境的重要影响
- 理解旅游可持续发展观念

第一节　旅游对经济的影响

一、旅游对经济发展的积极影响

1. 增加外汇收入，平衡国际收支

对于发展中国家来说，赚取外汇收入的主要途径有两条：一是对外贸易的外汇收入，二是非贸易外汇收入。前者指物质商品出口所带来的外汇收入，后者指国际间有关保险、运输、旅游、利息、居民汇款、外交人员费用等方面带来的外汇收入。所以，在创汇的意义上，接待国际入境旅游同海外出口商品没有什么区别，因此，接待国入境旅游也是一种出口，通常称之为旅游出口。

通过发展旅游业来赚取外汇，对于支援国际贸易、弥补贸易逆差和平衡国际收支来说，乃是一种理想的方法。

2. 有助于货币回笼

商品回笼（商品出售）、服务回笼（服务赚钱）、财政回笼（税收）、信用回笼（信贷）是国家回笼货币的四大渠道。

任何实行商品经济的国家都必须有计划地投放货币和回笼货币，从而使整个社会经济得以正常运行。货币的投放量和回笼量应有一定的比例，即货币投放于社会之后，必须有一定数量的回笼。回笼货币的方法一是要向市场投入相应数量的物质商品，二是供应服务性消费品。因此，旅游和娱乐，就成为必要的货币回笼渠道。

知识链接

旅游创汇的优势

1. 旅游产品的换汇成本低于外贸商品的换汇成本，因而换汇率很高。

旅游地在国内提供劳务服务就可以赚取外汇，外国游客必须到国内旅游产品的生产地点进行消费，所以，可以节省掉商品外贸过程中必不可少的运输费用、仓储费用、保险费用、有关税金等各项开支，以及与外贸进口有关的各种繁杂手续。同时，它不存在外贸出口商品运输过程中的损耗问题，并且，国际旅游者须按照我国现行人民币汇率兑换外币，按照我国旅游企业公布的产品价格消费，因此，换汇成本较低。此外，旅游景观产品出售的仅是观赏权而不是所有权，可重复多次出售，重复创汇。

2. 旅游出口中，买卖双方一般采用预付或现付的方式结算，有利于旅游接待国的资金周转和安全。

外贸商品出口从发货到结算支付往往要间隔很长时间，有的甚至会长达几年；而在旅游出口中，买方往往要采用预付或现付的方式结算，于是，卖方即接待国能立即得到外汇。显而易见，同一数量的外汇收入，迟到与早到的意义大不相同，它们之间不但有利息差额问题，在接待国急需外汇的情况下尽早结算则可使得外汇发挥更大的效用。

3. 免受进口国关税壁垒的影响。在旅游产品的出口方面，通常不存在客源国实行关税壁垒问题。

3. 带动相关行业的发展

旅游业是一项综合性的产业，它对于相关行业的经济带动作用是明显的，比如，旅游业的发展就会带动公路、铁路以及航空等交通行业的发展。此外，旅游的发展还可以树立当地良好的形象，有助于当地的招商引资工作，还可以促进其他行业的发展。发展旅游业还能有效地扩大和促进城镇化建设，带动相关产业的发展，在推动经济结构优化和调整方面起到重要作用。

4. 增加政府税收

无论是发展国际旅游接待业还是发展国内旅游业，都可起到增加国家税收的作用。国家的旅游税收目前主要来自两个方面：一是从国际旅游者获取的税收，主要包括入境签证费、出入境时交付的商品海关税、机场税和执照税等；二是来自旅游地的各有关营业部门，包括各旅游企业的营业税和所得税等。此外，由于旅游业涉及许多其他相关产业部门的发展，当所有这些部门的生产和经营因旅游业的发展和带动而扩大业务量时，国家也可以从这些部门得到更多的税收。

5. 平衡地区经济发展，缩小地区差异

旅游的发展有助于平衡国内各有关地区的经济发展，缩小地区差异。如果说国际旅游可将客源国的物质财富转移到接待国，在某种程度上起着对世界财富进行再分配的作用，那么国内旅游则可把国内财富从一个地区转移到另一个地区，起到将国内财富在有关地区间进行再分配的作用。当经济落后地区的某些旅游资源足以吸引经济发达地区居民前去旅游时，这些旅客在旅游目的地的消费，即经济落后地区的旅游收入，对当地来说显然也是一种外来的“经济注入”。这种外来的“经济注入”当然可以刺激和带动当地经济的发展，加速当地经济发展的步伐，从而有助于缩小地区差别。特别是那些物质资源贫乏但却拥有较好旅游资源的地区，发展旅游业在经济上尤其具有重要意义。旅游还为贫穷落后地区的人们更新了观念，培育了新的经济增长点，改善了投资环境，促进了对外开放。

6．扩大就业机会

旅游业的发展还可带来就业机会的增加。旅游业作为第三产业的重要组成部分，在提供就业机会和解决就业问题方面尤其具有重要意义。

与其他产业相比，旅游业在提供就业方面的优势在于：

（1）旅游业属劳动密集型行业，在旅游接待工作中，许多工作都必须靠员工手工操作，而且需要面对客人提供富有人情味的直接服务，因而需要大量的劳动力。以饭店业提供就业的情况为例，《世界住宿业》杂志（*Worldwide Lodging Industry*）曾对分布在世界各地的400多家饭店的人员配备情况进行过调查统计，结果见表6—1。

表6—1　世界各地（区）饭店人员配备情况

地区	平均每间客房员工数（人）
全世界平均	1.02
欧洲	0.85
中东	1.32
亚洲	1.50
远东	1.93
澳洲	0.90
夏威夷和太平洋群岛	0.73
加拿大	0.77
美国	0.48
墨西哥	1.03
中美洲	1.26
南美洲	1.14
加勒比地区	1.12
非洲	1.92

表6—1中的数字是对世界各地不同规模、不同类型、不同等级、不同经营方式的400家饭店人员配备情况进行调查后综合计算出来的平均数。其中高工资地区，例如，欧美地区的饭店，平均客房员工数较少。但在低工资地区，例如，在远东、亚洲和非洲，平均客房员工数则为1.5～2.0人不等。根据许多地区的经验，饭店业每增加一间客房，其他直接旅游企业便可相应增加2.5～3.0人的就业机会。也就是说，整个旅游业的直接就业人数同当地饭店客房数的比例为4～5：1。如果再进一步考虑到其他非直接旅游企业或与旅游有关的其他行业的情况，从而进一步导致在当地工商及教育、卫生部门创造就业机会的情况，那么，发展旅游所提供的就业机会就更多了。

（2）旅游业中就业的另一特点是就业岗位层次众多，特别是很多工作并不需要很高的技术，所以，可为广大的家庭妇女和尚不具备技术专长的年轻人提供就业机会。旅游业这种对低技能劳动力大量吸纳的特点，同我国目前教育不发达的情况相适应，在解决我国社会大量富余劳动力就业方面作用巨大。当然，这并不是说旅游业就业不需要知识和技术。为了保证旅游产品的质量，也需要对从业人员进行适当的教育和培训。但是，同技术程度要求较高的制造业就业相比，上述人员只需要接受短时间的培训便可胜任工作。

二、旅游对经济发展的消极影响

虽然旅游业的发展对国民经济有很大的促进作用，但是，如果旅游接待国（或地区）不是量力而行，而是片面强调发展旅游经济，那么则会扩大发展旅游业可能带来的副作用，甚至会得不偿失。

1．游客大量涌入可能引起物价上涨

一般来说，外来旅游者的收入水平较高或者他们为了旅游而长期积蓄的缘故，所以，旅游者的消费能力高于旅游目的地的居民。从供求关系看，游客的涌入，大大增加了商品需求的总量，引起目的地商品价格的上扬。

此外，随着旅游业的发展，地价也会迅速上升。事实证明，在不成熟旅游地兴建旅馆对土地的投资只占全部投资的 1%。但是，旅游业发展起来之后，兴建旅馆地皮投资很快上升到全部投资的 20%。由此而造成的地价上涨，影响当地居民的住房建设与发展，这势必损害当地居民的经济利益。

2．可能影响产业结构发生不利变化

例如，以农业为主的地区发展旅游业后，个人从事旅游服务收入高于务农收入，因此，常使得大量的劳动力弃田从事旅游业。这种产业结构不正常变化的结果是：一方面旅游业的发展扩大了对农副产品的需求，另一方面却是农副产品产出能力的下降。当地居民失去了赖以生存的基本生产方式，一旦危机袭来，就会产生社会问题，还可能会影响到社会和经济的稳定。

3．过于依赖旅游业会影响国民经济的稳定

过分依赖旅游业会影响国民经济的稳定。

（1）旅游活动有季节性

旺季的时候，供不应求，给旅游区带来大量经济收入的同时，也增加了接待压力，会出现这样或那样的矛盾。淡季时，不可避免地会出现劳动力和生产资料闲置或严重的失业问题，从而会给接待国或地区带来严重的经济问题和社会问题。

（2）旅游活动受制于市场

旅游需求在很大程度上取决于客源地居民的收入水平、闲暇时间和有关旅游的流行时尚，而这些都是旅游区不能控制的。如果客源地出现经济不景气，其旅游的需求势必会下降。另外，一旦客源地居民对某些旅游地的兴趣爱好发生转移，也会直接影响旅游地的市场。从长远的观点来看，这些问题都难免要发生。

（3）旅游业是敏感型产业

从供给一方来看，旅游业是敏感型产业，政治、经济、社会等诸多因素都会引起旅游业的强烈波动。一旦这些因素发生不利变化，也会使旅游需求大幅度下降，旅游业乃至整个经济都严重受挫，造成严重的经济和社会问题。比如，美国在“9·11”事件之后相当长的一段时间内，旅游业都处于低迷的状态。

案例思考

瘟疫使旅游业遭受重创

2001 年，弥漫欧洲的口蹄疫使得欧洲的旅游业遭受重创。英国的旅游业是口蹄疫最大的受害者。旅游业是英国非常重要的产业，其旅游收入居全球第五位，占英国国内生产总值的 3.9%。在英国，占总就业人口 7% 的 186 万英国人依赖旅游业为生。当口蹄疫爆发后，受到瘟疫危机困扰的英国旅游业陷入灾难，游客人数骤减，旅游收入的损失达数十亿英镑。英国政府于 2001 年 4 月 5 日宣布，受疯牛病和口蹄疫的影响，英国整个旅游业的收入下滑了 10%，而在疫情最严重的地区，下降幅度则多达 80%。一些旅馆已经完全没有游客光顾。为了使英国旅游业摆脱困境，恢复人们对英国旅游业的信心，英国前首相布莱尔亲自前往一些旅游景点现身说法，劝说人们继续到英国旅游。口蹄疫还殃及欧洲大陆其他一些国家的旅游业，例如德国还未发现口蹄疫病例之初，出于恐慌就曾经暂时关闭了至少 9 个动物园。动物园还采取了游客们进门前要对鞋子消毒等必要的防范措施。

2003 年在世界范围内爆发了“非典”，尤其是中国等一些亚洲国家的疫情比较严重，使得亚洲旅游业损失十分惨重。世界旅游业委员会在 2003 年 5 月 15 日发表的一份报告说，受到“非典”疫情直接冲击的国家和地区，受害程度将为“9·11”事件的 5 倍。中国暴发疫情后，北京机场的载客量在 2003 年 4 月 1 日至 4 月 20 日下跌了将近 25%。国际航班载客量减少了将近 45%，国内航班载客量下跌了 12.1%。中国国内其他各地的旅游业都陷入了困难境地。为了帮助旅行社因“非典”造成的生存危机，国家旅游局和财政部研究决定暂时退还旅行社部分质量保证金。

中国台湾的旅游业同样受到“非典”的冲击，台湾旅行商业同业公会联合会秘书长透露，有六万多人将立即失业。世界旅游业组织公布的一份经济影响研究报告显示：因旅游业发达而闻名的新加坡因为受到“非典”的影响，总共将损失 33 000 个与旅游相关职位，其中有 17 000 多个与旅游业有直接关系。

讨论旅游业的脆弱性表现。

第二节 旅游对社会文化的影响

旅游者在与当地人的接触中产生了一系列交流活动和复杂的人际关系。这些活动和关系对客人和主人两方面都将产生影响。

一、旅游对社会文化的积极影响

1. 有助于提高民族素质

这一点主要是针对国内旅游而言的，主要有以下几个方面的内容：

(1)旅游活动具有促进人们身体健康的作用。在现代社会中，都市的公害、紧张的工作和生活节奏迫使人们更加向往能够经常地适时地改变一下生活环境，回到安谧、优美的大自然中去，这也是大众旅游的重要动机之一。

(2)旅游活动的开展有助于突破惯常环境对思维的束缚，使人们开阔眼界、增长知识。正因为如此，人们才有了“行万里路，读万卷书”的经验总结。

(3)游客在欣赏自然美景，感触人文历史的过程中能够获得审美享受，提高审美鉴赏能力，获得极大的精神享受。

(4)旅游的开展有助于培养人们的爱国主义情感。在国内旅游时亲眼目睹各地的自然风光、历史文化和建设成就，会激发和增强人们的民族自尊心和自豪感，从而加深对自己祖国的热爱。

2. 有助于增进国际间的相互了解

由于旅游是不同国度、不同民族、不同信仰以及不同生活方式人们之间的直接交往，有助于增进不同国家人民之间的相互了解，增强国际间的和平友好关系，所以，国际旅游有缓和国际关系、促进人类和平共处的作用。实际上，人们通过旅游交往，彼此能更好地相互理解，人类整体和世界大同的观念便会随之加深。此外，旅游也是接待国树立国家形象的有效手段。所以，国际旅游的开展在这些方面所起的作用比传统的外交手段要有效得多。

3. 有助于促进民族文化的保护和发展

旅游需要民族文化，具有个性特征的民族文化本身就构成了旅游吸引物。旅游促进了不同民族文化的融合，促进了民族文化的保护与发展。随着旅游业发展的需要，传统文化的物质和精神载体都可以得到挖掘、保护、保存，如历史建筑、服饰、饮食、民俗等。这些大量的文化遗产不仅随着旅游的开发而获得了新生，而且成为独特的文化资源，它们不仅受到旅游者的欢迎，而且使当地居民增强了对民族文化的认同。

4．有助于推动科学技术的交流与发展

旅游是科学技术传播与交流的重要手段。现代商务旅游、会展旅游都使得交流的广度和深度不断获得新的进展。此外，旅游在发展过程中也不断对科学技术提出新的要求，尤其是在交通运输工具、通信以及旅游服务设施和设备方面，要求更加快速、便利、舒适和安全，从而推动了有关领域科学技术的发展。

5．有助于促进社会环境的改善

为了适应旅游业的发展需要，旅游接待地区的基础设施会得以改进，生活服务设施和其他方便旅游者的设施也会有所增加。虽然这一切都始于发展旅游业的需要，但在客观上也改善了当地居民的生活环境，方便了当地人民的生活。

二、旅游对社会文化的消极影响

1．不良的“示范效应”

随着旅游活动的开展，外来旅游者会将页面的生活方式和价值观念带到旅游目的地。这些东西在无形中传播和渗透，对旅游目的地产生“示范效应”。

2．干扰目的地居民的生活

随着外来旅游者的大量涌入和游客密度的增大，当地居民的生活空间相对缩小，因而会干扰当地居民的正常生活，侵害当地居民的利益。更为严重的是，有些地区出现了一些愿意支付高额地价和赋税的外来定居者，而曾长期生活在那里的人们被迫离家而去。这种情况发展到一定程度时，当地居民的态度会由欢迎转变成怨恨。旅游者追求特殊经历和社区居民追求利润的矛盾会造成旅游者与当地居民之间人际关系的紧张。在当地物质供应能力有限的情况下，往往把质量上乘的消费品和服务优先供应给肯出高价的旅游者。这种直接同当地居民争夺有限数量消费品的情况，加之某些旅游者不尊重民族禁忌，难免会激发当地居民的怨恨，甚至产生了对旅游者的抵制。

3．当地文化被不正当的商品化

传统的民间习俗和庆典活动都是在特定的时间、特定的地点，按照规定的内容、程序和方式举行的。但是，很多这种活动随着旅游业的开展逐渐被商品化，为了接待旅游者，随时都会被搬上“舞台”，改变了时间、地点、程序、方式和内容。这些活动虽然被保留下来，但在很大程度上已失去了其传统的意义和价值。此外，为了满足旅游者对纪念品的需要，当地工艺品大量生产，很多粗制滥造的产品充斥于市，这些产品实际上已不能表现传统的风格和制造技艺，使得当地文化的形象和价值受到损害和贬低。

第三节　旅游对生态环境的影响

旅游环境既包括目的地的自然环境，也包括经人工创造的社会生活环境（人文环境）。

一、旅游与环境的关系

旅游与环境之间有着非常密切的联系，是一种相互依赖又相生相克的关系。一方面，环境资源为旅游产品的生产提供了最基本的成分。自然旅游资源和人文旅游资源本身就是目的地环境的组成部分，旅游者活动也是以目的地的环境为依托，所以，旅游目的地的环境是构成当地总体旅游资源最基本的要素。另一方面，旅游业生产出了诸多“副产品”——垃圾、废气、废水等，会使旅游目的地的环境发生变化。这种旅游对目的地环境的影响从一开始就不是潜在性的影响，而是事实上的影响。今天，保护环境和有助于改善环境已经成为旅游开发决策时首先要考虑的问题。

旅游项目的开发和旅游活动的开展在导致环境发生变化方面既有积极的影响，也有消极的影响；既有直接的影响，也有间接的影响。

二、积极方面的直接影响

旅游业对环境的积极影响表现在以下几个方面：

1. 有利于历史建筑、古迹遗址的维护、恢复和修整。
2. 有利于休闲和娱乐场所以及相关设施的维护。
3. 有利于道路、交通运输服务等基础设施的改善。
4. 有利于当地行政部门对旅游接待区的环境保护和绿化工作的重视与维护。

上述各方面虽然在主观上可能都是出于发展旅游业的需要，都是为了造就和维持良好的旅游环境以吸引旅游者前来访问，但在客观上起到改善目的地生活环境的作用。

当然，上述各方面能否构成对目的地环境的积极影响，最终应取决于当地社会的认同。一般来讲，旅游研究者乃至旅游者对上述方面的环境变化都会给予积极的肯定。而当地社会对此是否认同，则可能会因地而异。例如，英国苏格兰地区的旅游协调委员会在其1992年提交的环境影响报告中，列举了开展旅游对当地的生活环境带来的一系列具体影响，其中积极的影响基本上都将前述各方面包括在内。然而，在非洲的一些地区，野生动物园的设立在当地居民中不仅不被看作是对当地环境具有保护作用的积极之举，反而被认为是限制了当地游牧部落放牧土地，制约了当地的食物生产能力，因而，因设立野生动物园而带来的环境改变对于这些地区而言具有消极作用。

三、消极方面的直接影响

1．增加污染来源，降低环境质量

随着旅游者的大量涌入和由此而导致的排污量的增加以及有排放交通工具使用量的加大，当地的水质污染问题会更加严重，空气质量下降；旅游交通（尤其是汽车、火车和飞机）运输量的增大以及夜总会和舞厅的增多，将会加重当地（特别是城市中）的噪声污染程度。

2．人口密度增大，生活空间缩小

游客的数量相当于当地居民的数量，甚至超过数倍是旅游地常见的情况。人口密度的增大，侵占了当地居民的生活空间，无论怎样都会对社区生活产生消极的影响。居民的私密空间受到威胁，社区的和谐被打破，舒适度降低，居民生活的习惯被强行改变等。

3．危及历史古迹，破坏原始风貌

这不仅仅与旅游者的触摸攀爬以及乱刻乱画等不正当行为有关，游客接待量的增大本身就会侵害历史古迹的寿命。

4．损害自然环境，破坏生态环境

旅游者的渔猎活动会影响野生动物的生存环境；植被会因人们的过度踩踏而被破坏；旅游者乱丢废弃物不但会影响环境的美感，而且还会危机动植物的生存等。

5．盲目开发和过度开发破坏自然景观

这方面最典型的例子莫过于在海滨沙滩的近水地段建造高层饭店。在20世纪80年代以前，这种事例在欧美国家中多有发生，曾成为媒体批评和报道的热点问题。尽管这类事例在今天的发达国家中已比较少见，但在不少发展中国家，特别是在其旅游业的迅速兴起时期，这类事例依然比较常见，例如我国海南文昌的椰树林几乎就被一哄而上的饭店给占满了。正因为如此，很多国家对此都采取了控制措施。在毛里求斯，政府规定在海滩地区兴建有关设施时，其建筑物的高度不得超过当地椰树的高度；在印度的某些地区，政府规定建筑物的兴建必须退后于海滨沙滩一定的距离等。

第四节 旅游业可持续发展

旅游业的自身特征和相关性决定了它要走可持续发展的道路。旅游活动对目的地环境产生的影响，既有直接的影响，也有间接的影响。由于旅游业的综合性特征，它的影响和被影响都有波及性和多因性。所以说，旅游业是“脆弱的”行业。旅游业的发展和来访旅游者的增多必然会扩大对其他行业或服务的需求，很多其他行业因此需要扩大生产和再生产。这些活动的发生必然会对当地的环境产生这样或那样的影响，这些影响虽然不是旅游业或旅游者直接造成的，但追根溯源都与旅游的发展有关。所以，旅游发展必须考虑与环境、相关行业、社会的发展协调同步，走可持续发展的道路。

知识链接

可持续发展的历史渊源和可持续旅游的含义

美国女海洋学家R·卡逊的著作《寂静的春天》于1962年出版，是人类对生态环境问题开始关心的标志。卡逊提出了人类必须与其他生物共同分享地球，在人与生物之间建立合理的协调，才能维持人类健康生存的看法。

1972年3月，罗马俱乐部发表了由D·米都斯主持的第一个研究报告《增长的极限》，其中，提出了可持续发展的思想。

1972年6月，在斯德哥尔摩召开了第一次“人类与环境会议”。会议期间，出版了经济学家B·奥德和生物学家R·杜博的报告《只有一个地球：对一个小小行星的关怀和维护》；会议还通过了《人类环境宣言》。这些著述都对旅游所带来的消极影响表示过种种担忧或提出过警告。

在20世纪80年代中期至末期，环境保护主义的兴起与“绿色”意识的形成和普及，进一步提高了人们对环境问题的关注程度。所有这一切都使得人们开始重新评价旅游对目的地的作用和价值，也正是在这一重新评价过程中，人们发现并引进了“可持续发展”这一概念。

1987年，由布伦特兰担任主席的联合国环境与发展委员会以《我们共同的未来》为标题，提出了一份研究报告，该报告对当前人类在经济发展与环境保护方面存在的问题做了系统而全面的评价，并正式提出了“可持续发展”这一术语和口号。这就是著名的《布伦特兰报告》（*The Brundtland Report*）。

该报告对“可持续性”概念做了简短而明确的解释，即：“不断提高人群生活质量和环境承载能力的、满足当代人需求又不损害子孙后代满足其需求能力的、满足一个地区或一个国家人群体需求又不损害别的地区或国家人群体满足其需求能力的发展。”

可持续发展观的提出正值人们对旅游的作用和影响进行全面评价之时，因而很快为人们所接受，并成为对旅游发展进行重新评价的中心议题，“可持续旅游”（Sustainable Tourism）一语也因此而产生。可持续旅游的提出，要求人们以长远的眼光从事旅游经济开发活动，并对经济不断增长的必要性提出质疑，以及要求确保旅游活动的开展不会超出旅游接待地区未来也有条件吸引和接待旅游者来访的能力。

一、可持续旅游的内容

可持续旅游的内容包括以下几个方面：

1. 增进人们对旅游所产生的环境影响的理解，加强人们的生态意识。
2. 促进旅游的公平发展。
3. 改善旅游接待地区的生活质量。
4. 向旅游者提供高质量的旅游产品。
5. 保护未来旅游开发赖以存在的环境质量。

其中最核心的一点，便是要确保在从事旅游开发的同时，不损害后代人为满足其旅游需求而进行旅游开发的可能性。换言之，就是要从长远观点出发，全面认识旅游的影响，在满足人们开发旅游业和开展旅游活动的需要方面，实现每代人之间的平衡。

课堂讨论

有观点认为，对于一个大国来讲，其经济不宜过重依赖旅游业。你在何种程度上赞成或反对这种观点？为什么？

二、实现我国旅游可持续发展的策略

实现旅游可持续发展是个长期的、渐进的、复杂的、艰苦的过程，需要几代人甚至更长时间的艰苦创业。为此，我们认为应采取以下措施，来实现中国旅游业的可持续发展。

1. 加强政府调控力度，在国家层面协调旅游资源规划与开发，防止盲目竞争，促进旅游有序化发展。

2. 提高经济增长速度，解决贫困问题，并为旅游的可持续发展提供雄厚的物质保障。

3. 把环境与发展问题落实到政策、法令和政府决策之中，使旅游可持续发展走上法制化轨道。

4. 充分发挥群众团体、旅游企业、科研机构和政府部门的作用，明确各自应承担的义务，发动全社会各阶层广泛参与到旅游可持续发展中来。

5. 尽可能地把高新技术成果运用到旅游业发展上，实现旅游资源的永续利用，使旅游可持续发展建立在旅游资源可持续利用的物质基础之上。

思考与练习

1. 简述旅游对目的地经济的有利影响和不利影响。
2. 可持续旅游的基本内容涉及哪些方面?
3. 简述旅游对目的地社会文化的影响。
4. 旅游对目的地环境的影响包括哪些方面?
5. 旅游的发展何以会促进目的地经济的发展? 其主要理论依据是什么?

第七章

旅游组织

chapter 7

旅游组织是指为了加强对旅游行业的引导和管理，适应旅游业健康、稳定、迅速、持续发展而建立起来的具有行政管理职能或协调发展职能的专门机构。旅游组织的出现，能够帮助树立和提升旅游目的地形象、推动和促进同行业的跨区域交流与合作、促进旅游信息的交流和传播。近年来，旅游组织的数量快速增长，其影响力也在不断提升，其在旅游行业发展过程中的作用也越来越重要。

学习目标

- 掌握旅游组织的概念、分类、功能、作用和发展趋势
- 了解中国国家旅游局和旅游行业组织
- 了解世界各主要的旅游组织

第一节　旅游组织概述

为了加强对旅游业的领导和管理，促进旅游业的迅速发展，第二次世界大战以后，世界上几乎所有的国家和地区，都建立了旅游组织。由于各国的情况不同，这些机构各具特点，但又有共同点。

一、旅游组织的概念及其分类

旅游组织是为了发展旅游的目的而由一定的成员组成的独立的人群集合体。其特征表现为：有相对稳定的组织成员，有自己的章程、组织结构、行为目的和活动经费，依据有关的法律登记、注册或批准而设立，以自己的名义从事各种与旅游有关的活动。我们可以将旅游组织进行分类：以旅游组织的职能范围为划分标准，可将其分为国际性旅游组织、国家级旅游组织和地方性旅游组织；以旅游组织的职能性质为划分标准，可将其分为旅游行政组织和旅游行业组织。

我们常用的划分方式是第二种。

二、旅游组织的产生

旅游组织是社会经济发展到一定阶段、旅游活动发展到一定程度的必然产物，其产生通常遵循先国内旅游组织、后国际旅游组织的一般规律。伴随着社会经济和旅游业的进一步发展，旅游组织也将随之按照自己的规律向前发展。

旅游组织的产生与旅游业的发展密不可分。一般认为，成立于 1901 年的新西兰旅游局是全球最早的国家旅游组织。国家旅游组织发展到一定程度，产生了国家与国家之间合作发展旅游业的需要，国际旅游组织便相继出现，而最早及真正意义上的国际旅游组织可以追溯到 1919 年 5 月在巴黎成立的国际旅游联盟（AIT）。可见，旅游组织的产生是和旅游业发展相辅相成的。旅游业的发展促使旅游组织的产生，旅游组织的存在又促进了旅游业的进一步发展。具体来说，旅游组织的产生受到以下因素的影响：

1．旅游业的发展

第二次世界大战之后，世界政治形势呈现出相对稳定的状态，社会生产力迅速发展，社会文明程度逐渐提高，人民生活水平普遍上升，旅游观念深入人心，大众性的旅游活动蔓延全球。无论是国内旅游还是国际旅游，都得到了迅速发展，各种旅游形式也不断涌现。为了管理、协调、规范旅游业的发展，国家内、国家间、区域间的旅游组织便应运而生。

2．政府对旅游业的关注

旅游业的迅猛发展，引起了各国政府的兴趣和关注，随之，各国政府也加大了对旅游业的干预力度，于是国内旅游组织就产生了。鉴于旅游活动涉及部门和机构的广泛性，单靠国内旅游组织在国内的管理、协调与合作已远远不够。因此，政府就表达了在世界和地区范围内订立规范、协同合作的愿望，于是一些政府间的国际性旅游组织和涉及旅游的国际性组织便产生了。

3．推动旅游业进一步发展的需要

旅游组织不仅是旅游业发展到一定阶段的必然产物，更是旅游业更快、更深入、更规范发展的重要推动者。在竞争激烈和飞速发展的旅游业中，旅游组织可以运用自己独特的地位和影响力来推动旅游业更快发展，为其成员开展各种层次的对话与合作提供场所，为旅游企业寻求国内外合作伙伴创造便利条件。这也是各种专业性、专门性的旅游组织产生的主要原因。

4．与旅游相关的问题日益严重，亟待解决

旅游活动的迅速发展，在促进合作、增进友谊的同时，也造成了国内、国际间的一些矛盾和冲突，产生了许多复杂问题，甚至有些问题已危及人类的生存与发展。这些问题的妥善处理需要国内、国际间的管理、协调与合作。在这种情况下，成立更多、更权威的国内、国际性旅游组织便成了现实的迫切需要。

三、旅游组织的职能

旅游组织的性质不同，其职能表现也不相同。

1．旅游行政组织的职能

旅游行政组织是由官方负责旅游业的宏观调控与管理，行业立法与监督检查，制定行业技术标准，指导旅游资源开发与利用，进行旅游业整体促销，加强旅游服务质量管理，维护旅游者权益等工作的宏观性、战略性和政策性的旅游行业管理机构。

尽管旅游行政组织的形式和地位不同，权限也有大小，但它们作为旅游业发展的管理机构，一般具有以下一些职能：

（1）制定旅游业发展战略规划和方针政策，并在实施中进行综合平衡与宏观调控。

（2）培育和完善旅游市场，推进旅游业体制改革。

（3）制定旅游业各项行政法规、行业规范并监督实施。

（4）促进和引导旅游行业的投入。

（5）进行国际市场的促销与开拓，制定与管理出入境旅游事务。

（6）对涉及旅游业务的企事业单位进行行业管理，并依法进行监督检查。

（7）指导和管理教育和培训工作，制定、贯彻并实施旅游从业人员的职业资格制度和等级制度。

（8）负责旅游资源的普查、规划，并协调旅游资源的开发利用和保护工作，组织并指导重要旅游产品的开发。

（9）负责旅游统计工作，为发展旅游业提供信息服务。

（10）承办政府交予的其他事务。

2．旅游行业组织的职能

旅游行业组织是在旅游业发展过程中，以加强行业间的沟通协作，提高行业声誉，促进行业发展为目的而形成的各类旅游组织。

总的来说，旅游行业组织具有服务和管理两种职能。但行业组织的管理不同于政府旅游行政组织的管理职能，它不带有任何指令性和法规性，其有效性取决于行业组织本身的权威性和凝聚力。具体而言，旅游行业组织应具备以下基本职能：

（1）作为行业代表，与政府机构或其他行业组织商谈有关事宜。

（2）对行业的经营管理和发展问题进行调查研究，并协调解决发展中存在的问题。

（3）制定成员共同遵守的行业标准、经营标准以及行规会约，并提供技术指导。

（4）调查和协调行业内部关系，搞好行业内的旅游开发和市场营销。

（5）就行业发展现状、趋势等其他问题开展研讨。

（6）组织并进行行业研讨会，为行业成员开展培训和专业咨询业务。

（7）加强成员间的信息沟通，定期发布行业发展的有关统计分析资料。

（8）交流信息与经验，阻止行业内部不合理竞争。

四、旅游组织在旅游业发展中的作用及发展趋势

1．旅游组织在旅游业发展中的作用

旅游组织是旅游业发展到一定阶段的必然产物，同时又是推动旅游业更快、更深入、更规范发展的重要力量。总的来说，旅游组织对旅游业发展的作用体现在以下几个方面：

（1）帮助旅游目的地树立和提升形象。各级旅游组织在当地一般都具有广泛的代表性和影响力，各旅游目的地或成员单位在接受各级各类旅游组织的管理、指导和帮助的同时，可以利用这种影响力来开展目的地营销，通过该组织所发布的权威信息来树立自己的形象，扩大在业内的知名度。

（2）推动和促进同行业的跨区域交流与合作。各级各类旅游组织通过组织内部的信息沟通与交流、资源共享，共同致力于旅游业或行业的进一步发展。

（3）促进旅游信息的交流与传播。各级各类旅游组织一般都设有信息中心，负责搜集市场的第一手资料，并通过发布分析报告、提供咨询服务、编写统计报告和出版发行内部报纸杂志等形式来促进旅游信息的交流和传播，从而引导行业发展。

（4）通过监督与劝告来制止组织内部成员为追求短期经济利益而进行的破坏性开发与建设，通过保护旅游资源来保证旅游业的可持续发展。

（5）通过举办年会、研讨会、培训班等形式，提高旅游从业人员水平，在人才层面为旅游业的进一步发展储备后继力量。

2. 旅游组织的发展趋势

伴随着经济全球化和政治多元化的发展趋势，以及现代旅游业的迅猛发展，旅游组织将获得更大的发展空间，在社会发展中起着越来越重要的作用。这是旅游业发展进程中最显著的表现，同时也凸显出一些引人注目的趋向。

（1）组织数量将不断增加

根据联合国世界旅游组织的预测，未来数十年内全球旅游业将以更快的速度、更大的规模发展。到 2020 年，全球旅游人数将达 14 亿人次；到 2030 年，这一数据则攀升到 18 亿人次。这些数字展示了未来旅游业的巨大发展空间。同时，随着旅游范围的不断扩展和新兴旅游形式的不断出现，新的旅游组织尤其是行业协会类组织将会大量增加。

（2）旅游组织地位将不断提升

随着旅游业成为全球规模最大的产业，各国政府将越来越重视旅游组织并对其发展给予大力支持。一方面，为了树立旅游目的地形象，提高知名度，越来越多的企业、国家将借助旅游组织来扩大自己的影响力；另一方面，旅游组织的一项重要任务就是收集、整理、分析和发布信息，这些信息既包括成员的动态，又包括各类统计数字，由于信息直接来自各个成员，因此具有一定的客观性和系统性，从而使得旅游组织对旅游行业的指导与管理更具针对性和权威性。

（3）非政府旅游组织的作用将加强

政府是旅游业的主要推动者，为旅游业的发展创造了有利条件，保障了旅行与旅游的安全与自由。但是，随着经济全球化的发展，新技术带来的社会结构变化，政府对旅游业的干预将越来越少。众所周知，瑞典和美国都取消了国家旅游局，法国也降低了旅游部的级别，而意大利则干脆取消了旅游部。这一方面反映了政府干预力度的减弱，另一方面也显示了非政府力量对旅游业的影响力正逐渐扩大。随着旅游业的进一步深入发展，不同层面的交流与合作将会越来越多，各种论坛组织、行业协会必将不断涌现，并介入到各层次的旅游活动中，综合协调各方利益，谋求共同发展。

（4）组织体系将更加完善

为适应旅游业快速和多元化发展，旅游组织本身的机构设置、人员配备等方面必将做出一些相应的调整。一方面，它们将调整本身的组织体系，使之更完善和周到；另一方面，将加大对旅游热点地区的关注，增强对该地区的调研和管理力度，如增设办事处、配备常驻代表等。

第二节　国际旅游组织

现代旅游不仅具有国际性的经济活动，促进国家或地区间的经济发展，而且在政治上为加强各国人民之间的相互了解，发展各民族之间的自由往来和友谊也起到了极大的推动作用。但同时，旅游活动也会造成国际间的矛盾和冲突，产生许多复杂的国际问题，因而必须成立各种国际的旅游组织作为协调的机构，订立共同合作的规范，以利各项业务的顺利发展。

知识链接

国际旅游组织的分类

对国际性旅游组织可使用多种标准对其进行类型划分。常用的划分标准主要有以下四种：

1. 按组织的成员划分，可分为以个人为成员的国际性组织、以公司企业为成员的国际性组织、以机构团体为成员的国际性组织、以国家政府代表为成员的国际性组织等。

2. 按组织的地位划分，可分为政府间组织和非政府间组织。

3. 按组织的范围划分，可分为全球性组织和地区性组织。

4. 按组织的工作内容划分，可分为部分地涉及旅游事务的一般性国际组织、全面涉及旅游事务的专门性组织以及专门涉及旅游事务某一方面的专业性组织。

一、世界旅游组织（UNWTO）

世界旅游组织（World Tourism Organization）是联合国的专门机构，其宗旨是促进和发展旅游事业，使之有利于经济的发展、国际间的相互了解，以及和平与繁荣。

1925年5月4日至9日在荷兰海牙召开了国际官方旅游协会大会。1934年在海牙正式成立国际官方旅游宣传组织联盟。1946年10月1日至4日在伦敦召开了首届国家旅游组织国际大会。1949年10月在巴黎举行的第二届国家旅游组织国际大会上决定正式成立国际官方旅游联盟，其总部设在伦敦，1951年迁至日内瓦。1969年联合国大会批准将其改为政府间组织。1975年改为现名，总部设在马德里。2003年11月成为联合国专门机构。

出版刊物有《世界旅游组织消息》《旅游发展报告（政策与趋势）》《旅游统计年鉴》《旅游统计手册》和《旅游及旅游动态》。

世界旅游组织成员分为正式成员（主权国家政府旅游部门）、联系成员（无外交实权的领地）和附属成员（直接从事旅游业或与旅游业有关的组织、企业和机构）。联系成员和附属成员对世界旅游组织事务无决策权。截至2005年11月，世界旅游组织有正式成员144个。

世界旅游组织的组织机构包括全体大会、执行委员会、秘书处及地区委员会。其中全体大会为最高权力机构，每两年召开一次，审议该组织重大问题。2003年10月，世界旅游组织第15届全体大会在北京举行。执行委员会每年至少召开两次。执委会下设五个委员会：计划和协调技术委员会、预算和财政委员会、环境保护委员会、简化手续委员会、旅游安全委员会。秘书处负责日常工作，秘书长由执委会推荐，大会选举产生。2009年10月5日，塔利布·里法伊当选世界旅游组织秘书长。地区委员会系非常设机构，负责协调、组织本地区的研讨会、工作项目和地区性活动。每年召开一次会议。共有非洲、美洲、东亚和太平洋、南亚、欧洲和中东6个地区委员会。

世界旅游组织确定每年的9月27日为世界旅游日。为不断向全世界普及旅游理念，形成良好的旅游发展环境，促进世界旅游业的不断发展，该组织每年都推出一个世界旅游日的主题口号。

1975年5月，世界旅游组织承认中华人民共和国为中国唯一合法代表。1983年10月5日，该组织第五届全体大会通过决议，接纳中国为正式成员国，成为它的第106个正式会员。1987年9月，在第七次全体大会上，中国首次当选为该组织执行委员会委员，并同时当选为统计委员会委员和亚太地区委员会副主席。1991年，再次当选为该组织执委会委员。

世界旅游组织的主要任务：促进旅游适度发展，以保护环境；支持旅游设施建设，以提高质量；消除或减少国际旅游发展障碍；促进自由贸易的积极性，以刺激旅游业的发展；研究市场和统计；为培养旅游业高素质人才提供师资、教材和其他便利条件。

二、世界旅行社协会联合会（UFTAA）

世界旅行社协会联合会（Universal Federation of Travel Agents Association）是最

大的民间性国际旅游组织。其前身是 1919 年在巴黎成立的欧洲旅行社和 1964 年在纽约成立的美洲旅行社，1966 年 10 月由这两个组织合并组成，并于 1966 年 11 月 22 日在罗马正式成立。总部在比利时的布鲁塞尔。

世界旅行社协会联合会的宗旨是加强各国全国性旅行社协会和组织的联系，协助解决会员间在业务开展问题上可能发生的纠纷；在国际上代表旅行社行业同有关的各种旅游组织和旅游供应企业建立联系和开展合作；确保旅行社业务在经济、法律和社会领域内最大限度地得到协调、赢得信誉、受到保护和得到发展；向会员提供必要的物质上、业务上和技术上的指导和帮助。

世界旅行社协会联合会在 20 世纪 70 年代末共有 76 个国家参加，代表 18 000 多家旅行社，共计 50 多万职工，其中美国的旅行社最多，有 14 804 家。该组织每年召开一次全体大会，交流经验，互通情报。该组织的机构包括全体大会、理事会、执行委员会和总秘书处。出版发行《世界旅行社协会联合会议使报》（月刊）（*COURRIERUFTAA*）。

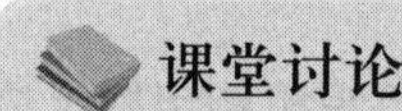

课堂讨论

旅游组织今后会有哪些发展趋势？

中国旅游协会于 1995 年 8 月正式加入该组织，作为国家级会员，属于亚太区联盟。

三、国际饭店与餐馆协会（IH & RA）

国际饭店与餐馆协会总部设在法国巴黎，是世界饭店行业最大的国际性组织。该协会成立于 1901 年，现有 150 多个国家的 75 万个会员（包括各国协会、饭店、餐馆、专业人士、教育科研机构等）。

国际饭店与餐馆协会是唯一专门促进和保护全世界饭店与餐馆利益的国际商业协会，是经联合国正式认可的国际组织。它主要致力于饭店与旅游业，并在国际决策机构面前维护饭店的地位。该协会由协会成员、国际性和全国性的连锁组织成员、独立成员、个人成员及名誉成员组成，每年召开一次成员代表大会，商讨协会的重大事项，如协会章程的修订、机构领导的选举等。

四、亚太旅游协会（PATA）

亚太旅游协会创建于 1951 年，总部设在泰国曼谷，是亚太旅游业公认的权威机构。该组织一贯主张以合理的保护措施促进旅游业的平衡发展，而且到目前为止，已取得了显著成效。其独特的组织结构以及不懈的努力使亚太地区的旅游业多个方面联合在一起。

其宗旨是为组织内部成员的利益而大力发展亚太旅游业，并提高其价值与质量。

其他国际旅游组织还有很多，如国际旅游联盟（AIT）、国际航空运输协会（IATA）、国际民航组织（ICAO）、国际旅游科学专家协会（AIEST）、旅游观光研究协会（TTRA）、美国旅游业协会（ASTA）等，它们对国际旅游业的发展及各种旅游经济活动都有着重要的影响。

第三节 中国旅游组织

一、中华人民共和国国家旅游局

国家旅游局是我国旅游行政管理机构，负责统一管理国际、国内旅游业。各省、自治区和直辖市均设立旅游局，是地方行政管理机构，受地方政府和国家旅游局的双重领导，以地方政府为主，负责统一管理本地区的旅游工作。

国家旅游局作为中国旅游业的行政主管机构，成立于 1964 年 12 月，当时称为中国旅行游览事业管理局，行使行政管理和业务经营双重职能。这一时期实行的是政企合一的体制，中国旅行游览事业管理局和中国国际旅行社总社是："两块牌子，一套人马"。

1978 年，中国旅行游览事业管理局改为直属国务院的中国旅行游览事业管理总局。1982 年，中国旅行游览事业管理总局作为管理全国旅游事业的行政机构，统一管理全国旅游工作，和国旅总社实行政企分开，不再直接组团和承担接待任务。

1982 年 8 月，全国人民代表大会常委会做出《关于批准国务院直属机构改革实施方案的决议》，确定中国旅行游览事业管理总局更名为国家旅游局。1996 年年初，为进一步推动改革的深入，国家旅游局完成了局机构设置的重新调整。

中华人民共和国国家旅游局是国务院主管旅游工作的直属机构，其主要职能是：

1. 统筹协调旅游业发展，制定发展政策、规划和标准，起草相关法律法规草案和规章并监督实施，指导地方旅游工作。

2. 制定国内旅游、入境旅游和出境旅游的市场开发战略并组织实施，组织国家旅游整体形象的对外宣传和重大推广活动。指导我国驻外旅游办事机构的工作。

3. 组织旅游资源的普查、规划、开发和相关保护工作。指导重点旅游区域、旅游目的地和旅游线路的规划开发，引导休闲度假。监测旅游经济运行，负责旅游统计及行业信息发布。协调和指导假日旅游和红色旅游工作。

4. 承担规范旅游市场秩序、监督管理服务质量、维护旅游消费者和经营者合法权益的责任。规范旅游企业和从业人员的经营和服务行为。组织拟订旅游区、旅游设施、旅游服务、旅游产品等方面的标准并组织实施。负责旅游安全的综合协调和监督管理，指导应急救援工作。指导旅游行业精神文明建设和诚信体系建设，指导行业组织的业务工作。

5. 推动旅游国际交流与合作，承担与国际旅游组织合作的相关事务。制定出国旅游和边境旅游政策并组织实施。依法审批外国在我国境内设立的旅游机构，审查外商投资旅行社市场准入资格，依法审批经营国际旅游业务的旅行社，审批出国（境）旅游、边境旅游。承担特种旅游的相关工作。

6. 会同有关部门制定赴港澳台旅游政策并组织实施，指导对港澳台旅游市场推广工作。按规定承担大陆居民赴港澳台旅游的有关事务，依法审批港澳台在内地设立的旅游机构，审查港澳台投资旅行社市场准入资格。

7. 制定并组织实施旅游人才规划，指导旅游培训工作。会同有关部门制定旅游从业人员的职业资格标准和等级标准并指导实施。

8. 承办国务院交办的其他事项。

国家旅游局内设部门包括：办公室、综合协调司、政策法规司、旅游促进与国际合作司、规划财务司、全国红色旅游工作协调小组办公室、监督管理司、港澳台旅游事务司、人事司、机关党委、离退休干部办公室。

知识链接

国家旅游局各部门的主要职责

政策法规司：承担相关法律法规草案的起草工作，拟订规章并监督实施；研究旅游经济运行中的重大问题，承担旅游体制改革的有关工作；承担机关有关规范性文件的合法性审核工作；承担旅游统计和国际旅游支出统计工作。

旅游促进与国际合作司：承担国内、国际旅游市场开发工作，组织开展重点旅游区域、目的地和线路的宣传推广工作；承担对外合作交流事务，推进中国公民出境旅游目的地的有序开放；承担外国在我国境内设立旅游机构的审批事宜；指导驻外旅游办事机构的业务工作。

规划财务司：拟订旅游发展规划并组织实施；承担旅游资源的普查、规划、开发和保护工作；协调旅游产业、旅游各要素和涉旅产业的发展；承担推动旅游新业态发展和区域旅游合作有关工作；指导重点旅游区域、旅游目的地和旅游线路的规划开发；引导旅游业社会投资；承担机关财务、国有资产管理和内部审计工作。

监督管理司： 监督管理旅游服务质量和市场秩序，指导旅游精神文明建设和诚信体系建设；承担旅游标准的有关工作，拟订各类旅游景区景点、度假区及旅游住宿、旅行社、车船的旅游设施和服务标准并组织实施；指导旅游行业组织的业务工作。

人事司： 承担机关和直属单位的人事管理、机构编制工作；指导旅游培训工作；拟订旅游从业人员的职业资格标准、等级标准并指导实施；承担旅游人才援藏工作。

国家旅游局还有6个直属单位，分别是机关服务中心、信息中心、旅游质量监督管理所、中国旅游报社、中国旅游出版社和中国旅游研究院。

国家旅游局在多个国家和地区设立了驻外机构，包括驻东京旅游办事处、驻新加坡旅游办事处、驻首尔旅游办事处、亚洲旅游交流中心（香港）、驻纽约旅游办事处、驻多伦多旅游办事处、驻伦敦旅游办事处、驻苏黎世旅游办事处、驻悉尼旅游办事处和驻莫斯科旅游办事处等。

二、旅游行业组织

我国的旅游行业组织是在国家旅游局的具体指导下，由有关社团组织和企事业单位在平等自愿的基础上组织成立的各种行业协会。就其组织性质而言，它们都属于非盈利性质的社会组织，具有独立的社团法人资格。

1．我国旅游行业组织的宗旨与任务

（1）宗旨

遵守国家法律和有关政策，遵守社会道德风尚，代表和维护行业的共同利益和会员的合法权益，在政府有关业务主管部门的指导下，为行业和会员服务，在政府和会员之间发挥桥梁纽带作用，为促进我国旅游业健康、持续、快速发展做出积极贡献。

（2）任务

向政府有关部门反映会员单位中带有普遍性的问题与合理要求，向会员单位宣传政府的有关法律、政策并协助贯彻执行，发挥社会中介组织作用；协调会员间的关系，发挥行业自律作用，制定行业自律公约，督促会员共同遵守；开展调查研究，为行业发展和政府决策提供建议，向会员提供国内外本行业的有关信息、资料和咨询服务；组织有关本行业发展问题的研讨和经验交流，推动和督促会员单位提高服务质量与管理水平；根据行业发展需要，开展业务培训活动；加强同旅游行业内外有关组织、社团的联系与合作，对外以民间组织身份开展国际交流与合作；承办政府主管部门交办的其他工作。

2. 全国性的旅游行业组织

（1）中国旅游协会（CTA）

中国旅游协会（英文名称 China Tourism Association，缩写为 CTA）是由中国旅游行业的有关社团组织和企事业单位在平等自愿基础上组成的全国综合性旅游行业协会，具有独立的社团法人资格。它是 1986 年 1 月 30 日经国务院批准正式宣布成立的第一个旅游全行业组织，1999 年 3 月 24 日经民政部核准重新登记。协会接受国家旅游局的领导、民政部的业务指导和监督管理。

中国旅游协会遵照国家的宪法、法律、法规和有关政策，代表和维护全行业的共同利益和会员的合法权益，开展活动，为会员服务，为行业服务，为政府服务，在政府和会员之间发挥桥梁纽带作用，促进我国旅游业持续、快速、健康发展。其主要任务是：对旅游发展战略、旅游管理体制、国内外旅游市场的发展态势等进行调研，向国家旅游行政主管部门提出意见和建议；向业务主管部门反映会员的愿望和要求，向会员宣传政府的有关政策、法律、法规并协助贯彻执行；组织会员订立行规行约并监督遵守，维护旅游市场秩序；协助业务主管部门建立旅游信息网络，搞好质量管理工作，并接受委托，开展规划咨询、职工培训，组织技术交流，举办展览、抽样调查、安全检查，以及对旅游专业协会进行业务指导；开展对外交流与合作；编辑出版有关资料、刊物，传播旅游信息和研究成果；承办业务主管部门委托的其他工作。

中国旅游协会的最高权力机构是会员代表大会。会员代表大会每四年召开一次会议。会员代表大会的执行机构是理事会。理事会由会员代表大会选举产生。理事会每届任期四年，每年召开一次会议。在理事会闭会期间，由常务理事会行使其职权。常务理事会由理事会选举产生，每年召开两次会议。常务理事会设办公室作为办事机构，负责日常具体工作。

中国旅游协会现有理事 240 名，各省、自治区、直辖市、新疆生产建设兵团和计划单列市、重点旅游城市的旅游协会、全国性旅游专业协会、大型旅游企业集团、旅游景区、旅游院校、旅游科研与新闻出版单位以及与旅游业紧密相关的行业社团都推选了理事。协会的组成具有广泛的代表性。

中国旅游协会会员为单位会员。凡在旅游行业内具有一定影响的社会团体和企、事业单位，以及与旅游业相关的其他行业组织等，均可申请入会。

中国旅游协会根据工作需要设立了 9 个分会和专业委员会，分别进行有关的专业活动。即：温泉旅游分会、旅游城市分会、旅游商品与装备分会、旅游教育分会、休闲度假分会、休闲农业与乡村旅游分会、民宿客栈与精品酒店分会、妇女旅游委员会和民航旅游专业委员会。

（2）中国旅行社协会（CATS）

中国旅行社协会（英文名称 China Association of Travel Services，缩写为 CATS）

成立于 1997 年 10 月，是由中国境内的旅行社、各地区性旅行社协会等单位，按照平等自愿的原则结成的全国旅行社行业的专业性协会，是经国家民政部门登记注册的全国性社团组织。具有独立的社团法人资格，代表和维护旅行社行业的共同利益和会员的合法权益，努力为会员服务，为行业服务，在政府和会员之间发挥桥梁和纽带作用，为中国旅行社行业的健康发展做出积极贡献。

协会实行团体会员制，所有在中国境内依法设立、守法经营、无不良信誉的旅行社、与旅行社经营业务密切相关的单位和各地区性旅行社协会或其他同类协会、承认和拥护本会的章程、遵守协会章程、履行应尽义务者均可申请加入协会。协会对会员实行年度注册公告制度。每年年初会员单位必须进行注册登记。协会对符合会员条件的会员名单向社会公告。

协会的最高权力机构是会员代表大会，每四年举行一次。协会设立理事会和常务理事会，理事会对会员代表大会负责，是会员代表大会的执行机构，在会员代表大会闭会期间，领导协会开展日常工作；常务理事会对理事会负责，在理事会闭会期间，行使其职权。

协会成立以来，在国家旅游管理机构的领导、民政部门的监督和中国旅游协会的业务指导下，在全体会员的大力支持下，组织会员单位开展了调研、培训、学习、研讨、交流、考察等一系列活动。宣传贯彻国家旅游业的发展方针和旅行社行业的政策、法规，总结交流旅行社的工作经验。协会的工作得到了业界和会员单位的充分肯定。协会的影响越来越大，会员单位也不断增加，为中国旅行社行业的繁荣和发展做出了应有的贡献。

（3）中国旅游饭店业协会（CTHA）

中国旅游饭店业协会成立于 1986 年 2 月 25 日，经中华人民共和国民政部登记注册，具有独立法人资格，其主管单位为中华人民共和国国家旅游局。

中国旅游饭店业协会是由中国境内的饭店和地方饭店协会、饭店管理公司、饭店用品供应厂商等相关单位，按照平等自愿的原则结成的全国性的行业协会。

中国旅游饭店业协会的宗旨是：遵守国家法律法规，遵守社会道德风尚，代表中国旅游饭店业的共同利益，维护会员的合法权益，倡导诚信经营，引导行业自律，规范市场秩序。在主管单位的指导下，为会员服务，为行业服务，在政府与企业之间发挥桥梁和纽带作用，为促进中国旅游饭店业的健康发展做出积极贡献。

中国旅游饭店业协会会员中聚集了全国饭店业中知名度高、影响力大、服务规范、信誉良好的星级饭店，国际著名饭店集团在内地管理的饭店基本上都已成为协会会员。

中国旅游饭店业协会为会员服务体现在：通过对行业数据进行科学统计和分析；

对行业发展现状和趋势做出判断和预测，引导和规范市场；组织饭店专业研讨、培训及考察；开展与海外相关协会的交流与合作；利用中国旅游饭店网和协会会刊《中国旅游饭店》向会员提供快捷资讯，为饭店提供专业咨询服务。

中国旅游饭店业协会于 1994 年正式加入国际饭店与餐馆协会（英文缩写为 IH&RA）。

（4）中国旅游车船协会（CTACA）

中国旅游车船协会是由中国境内的旅游汽车、游船企业和旅游客车及配件生产企业、汽车租赁、汽车救援等单位，在平等自愿基础上组成的全国性的行业专业协会，是非营利性的社会组织，具有独立的社团法人资格。其宗旨是遵守国家的宪法、法律、法规和有关政策，遵守社会道德风尚，广泛团结联系旅游车船业界人士，代表并维护会员的共同利益和合法权益，努力为会员、为政府、为行业服务，在政府和会员之间发挥桥梁和纽带作用，为把我国建设成为世界旅游强国，促进国民经济和社会发展做出积极贡献。

协会实行团体会员制，凡在中国境内经注册批准、依法经营、无不良信誉的旅游汽车、游船企业、旅游客车、配件生产企业、汽车租赁、汽车救援等企业，以及与旅游车船行业相关的单位，均可申请入会。

协会的最高权力机构是会员大会，每四年召开一次；理事会是会员大会的执行机构，在闭会期间领导协会开展日常工作，每年召开一次会议；常务理事会由理事会选举产生，对理事会负责，每年召开一次会议；秘书长在常务理事会领导下主持协会日常工作。

1992 年，协会正式加入国际旅游联盟（AIT）。2002 年，协会成立了中国汽车俱乐部协作网（CMCN）。为了指导我国汽车俱乐部业健康有序发展，协会还成立了中国旅游车船协会汽车俱乐部分会。

协会的会刊是《中国旅游车船》。

（5）中国旅游报刊协会（CATJ）

中国旅游报刊协会成立于 1993 年，是由全国与旅游信息传播相关的报纸、期刊、大众传媒单位及相关单位的报刊，按平等自愿原则组成的全国性专业组织。协会是非营利性社会团体，具有独立的社团法人资格。

中国旅游报刊协会接受国家旅游局和民政部的管理与监督，接受中国旅游协会的业务指导。依据中国旅游报刊协会章程，该协会仅接受团体会员，并需由单位或单位授权的部门提出申请，经理事会或常务理事会讨论通过，授权秘书处发给同意入会通知。

协会自成立以来，先后与贵州、浙江、上海、江苏、山东、安徽、湖南、天津、甘肃、江西等地的旅游局和旅游报刊合作，举办了“醉在贵州”“无锡旅游新闻笔会”“富春江山水杯”等征文比赛和异地采访活动，受到了参与各方的欢迎。协会每年还通过召开年会、开展好新闻评选、专题研讨、业务培训等，为会员提供多方面的服务。

思考与练习

1．什么叫旅游组织？如何分类？

2．请你分析旅游组织产生的原因，并加以论述。

3．旅游组织对于旅游业发展起到什么作用？

4．中国国家旅游局的主要职责有哪些？

5．中国国内的主要旅游行业组织有哪些？标识是什么？

6．世界旅游组织的主要任务有哪些？

第八章

chapter 8 旅游业未来展望

21世纪将是旅游业的第二个黄金时代，旅游业将发展成为世界上最大的产业之一，旅游者的数量也将达到空前的规模，来自各个国家、各个阶层的旅游者会把他们的足迹印在世界的每一个角落。

学习目标

- 了解世界旅游业的发展现状
- 熟悉世界旅游业的发展趋势
- 掌握我国旅游业的发展现状
- 了解我国旅游业的发展趋势

第一节　世界旅游业发展现状和趋势

一、世界旅游业发展现状

世界近代旅游业是从 1841 年英国人托马斯·库克组织的第一批 30 人旅行团由英国去瑞士旅游开始，而现代旅游业的迅速发展并成为一个新兴行业是从第二次世界大战后开始的。第二次世界大战后，世界旅游业发展迅速，平均以每年 10%的速度增长，1964 年参加国际旅游的人数首次突破 1 亿大关，1975 年国际旅游者突破 2 亿人次，1984 年国际旅游人数达到 3 亿人次，进入 20 世纪 90 年代以后，国际旅游业仍以年均 7.1% 的速度迅速增长，1996 年国际旅游者突破 6 亿人次，到 2014 年达到 11.33 亿人次。

1．第二次世界大战后世界旅游业持续稳步发展

20 世纪 50 年代，全世界国际旅游人次仅为 2 520 万人次，旅游收入只有 21 亿美元；1979 年，世界旅游人次已增长到 2.7 亿人次，旅游收入已达 797 亿美元；1998 年，全球跨国旅游人数达 6.25 亿人次，比 1997 年增加 2.4%；空运外的旅游收入为 4 447 亿美元，比 1997 年增长 2%；1999 年，世界各国出国旅游达 6.57 亿人次，比 1998 年增长了 3.2%，同时，世界旅游业总收入达到 4 550 亿美元。2000 年，世界旅游已达到 6.89 亿人次，国际旅游总收入已超过 4 760 亿美元（约占世界各国生产总值的 11%），旅游从业人员已超过 2 亿人（约占全世界就业人数的 1/9）。第二次世界大战后世界旅游业发展情况见表 8—1。

表 8—1　　第二次世界大战后世界旅游业增长比率

年份区间	增长比率（%）
1950—1960 年	10.6
1960—1970 年	9.1
1970—1980 年	5.6
1980—1990 年	4.8
1990—2000 年	4.3

从上述数据可以看出，最初的 30 年国际旅游业增长率比较高，而在最后的 20 年左右，增长的速度有所下降，这是基数正在增加的缘故。在 1995 年到 2000 年，一直有

各种各样的骚动，旅游业虽然受到影响，但一直在增长。如 1997 年发生亚洲金融经济危机，致使 1997 年世界国际旅游收入的增幅大大降低，而 1998 年就立刻呈现上升趋势。这一方面是由于金融危机主要局限在东亚太地区，欧美经济增长仍然强劲，受波及较少；另一方面与发生金融危机的国家迅速积极地采取扩大入境旅游以带动国家经济恢复的政策有很大关系。总体来说，虽然影响因素存在，但国际旅游业在 5 年间的平均增长率还是达到了 5.3%。

2．近年来世界旅游业在波动中发展

2000—2003 年，全球旅游业受到美国“9・11”恐怖袭击、伊拉克战争、亚洲国家和地区爆发的“非典”，以及世界经济低迷等多项不利因素的冲击，发展速度减慢。2003—2010 年，前期增长较快，但到了 2009 年，受全球金融危机的影响，全球旅游活动的规模大幅度下滑。2010 年以后，世界旅游业开始高速发展。

二、世界旅游业的发展趋势

1．世界旅游业的市场格局呈多元化趋势

从世界旅游发展的整体情况来看，虽然到目前为止，在世界六大旅游市场格局体系中，欧洲、美洲（主要是北美）依然构成世界旅游市场的两大主体，但总体趋势呈现出欧美的市场份额不断下降，东亚及太平洋地区的市场份额不断增长，并且发展迅速。在未来的 10 ~ 20 年内，亚太地区将成为全球主要的旅游目的地和客源地，中国、泰国、新加坡成为世界新兴的主要旅游目的地国家，世界旅游市场欧洲、美洲、亚太“三足鼎立”的格局体系将得以形成，并且逐步向多元化方向转化。

知识链接

根据世界贸易组织的预测，到 2020 年，欧洲仍将是最受欢迎的旅游地，但不会呈高速度增长，而且其损失的市场份额将有利于世界上所有其他地区，尤其是东亚和亚太地区。东亚和亚太地区仍将保持其在最受欢迎的观光旅游地区中占世界第二的位置，而非洲、中东、南亚与东亚、亚太地区相比，将以更快的速率增长。

（1）欧洲旅游业的统治地位开始动摇

欧洲一直以来都是世界上最重要的国际旅游客源地和目的地，20 世纪 80 年代以来，欧洲地区的经济出现明显的衰落现象，至今仍然复苏乏力。受此影响，到 1998 年，虽然它在国际旅游中的各项指标仍居榜首地位，但在国际旅游接待人数和国际旅游收入上，却比 1990 年分别下降了 1.92% 和 2.93%，而与 1982 年相比则分别下降了 8.00% 和 5.91%。总体来看，尽管中东欧、北欧地区国际入境旅游人数增长很快，但由于在欧洲旅游市场中所占比重较小，而西欧、南欧和地中海地区所占比重较大，从而使整个欧洲地区接待国际入境旅游数增长率与其他几个区域相比仍然是增长率最慢的区域。

（2）美洲旅游业保持平稳发展

美洲地区（主要是北美）是世界旅游的发达地区，在世界旅游经济发展中一直处于重要地位。在 1981 年，国际旅游者有 18.5%在美洲流动，有 28.1%的旅游收入流入了美洲。到 1998 年，美洲的接待人数保持在 19.3%的水平，旅游收入仍占 27.3%，基本上没有太大的变化。2006 年在美洲地区，尽管中美洲和南美洲地区接待国际旅游者人数分别增长了 6.1% 和 7.2%，但由于美国、加拿大等北美国家接待国际旅游者人数几乎没有增长（0.5%），使整个美洲地区接待国际旅游者人数仅增长 2.0%。2014 年美洲国际游客到访量增加最强劲，以 8.0% 居各大洲之首。

（3）亚太地区旅游业发展迅速

亚太地区尽管拥有世界上很多最有吸引力和最原始的旅游资源，但由于经济发展落后，影响了旅游业的发展。20 世纪 60 年代后，亚太地区逐渐成为世界旅游市场最具活力、发展速度最快的地区，进入 21 世纪，亚太地区首次超过美洲成为世界第二大旅游目的地。

（4）非洲旅游业崛起迅速

非洲经济发展一直比较缓慢，旅游业受到较大的影响。但最近几年来，非洲的旅游业发展迅速，保持着相当高的增长率。据联合国世界旅游业组织（UNWTO）报告，非洲旅游业呈现稳定增长趋势，游客人数从 2003 年的 3 700 万增长至 2011 年的 5 000 万。旅游收入成为不少非洲国家和地区的支柱产业。在塞舌尔，旅游业占 GDP 总值的比例达到 50%；在东非地区，旅游业占 GDP 的 8.9%；北非，占 7.2%；西非，占 5.6%，南部非洲，占 3.9%。

（5）中东地区的旅游业发展越来越快

中东地区虽属世界面积最小的旅游地区之一，但近年来其旅游业还是保持着相当高的增长率。随着世界和平与发展的呼声日益增强，这一地区的旅游业将会不断地得以发展。

2．旅游业经营将实现集团化、网络化和国际化，旅游业“竞争—合作”态势进一步增强

随着旅游业的发展，世界旅游业的竞争更加激烈。而随着竞争的加剧，旅游业经营集团化、网络化趋势明显。随着国内、国际旅游市场的沟通和融合，以及世界范围兼并浪潮迭起，国际间和区域间的合作增强，旅游企业为了增强自身的实力，纷纷走向集团化、网络化，并呈现了全球一体化经营，纷纷建立跨国旅游公司。

随着各国出境旅游、入境旅游、国内旅游的发展，为满足游客的需求，旅游经营呈现国际化趋势，主要体现在对旅游接待设施、旅游交通基础设施、城市自然环境的国际化、现代化和标准化方面。

未来国际范围内的旅游业竞争将会更加激烈，而合作的态势将更加显著。由于旅游行业具有极强的综合性，在激烈的旅游市场竞争中使旅游的经营者们认识到，单船出海不如联合起来随队出海，这样抗御风险的能力会增强。近年来，旅游区域合作、地区区域一体化已成为一种趋势。这种区域合作，不仅表现在经济上的互利关系，同时在旅游设施、统计分析方法等方面都制订了共同的标准，共同宣传促销。因此，无论是亚洲地区国家还是欧洲国家（尤其像东盟、东亚、欧盟、北欧等传统的区域合作组织），无论是航空公司还是饭店集团，都会凭借其资源或市场的优势，寻求合作共赢的途径。

课堂讨论

在世界旅游业发展过程中，有哪些旅游企业走集团化或网络化道路，有什么样的优势？在旅游业的竞争中，不同国家、不同地区间的旅游企业是如何寻求合作的？请举例说明。

3．旅游者的需求将向多元化、高质化、个性化方向发展

旅游者始终是旅游活动的主体，旅游者的数量和需求是旅游业发展的决定性因素。随着社会经济的发展和人们生活条件和环境的改善，旅游活动必将进一步趋向大众化、生活化。人们的旅游需求正向多样化、高质化方向发展。旅游已经成为或即将成为人们生活的基本需求之一。总体来说，未来旅游者的需求变化趋势主要体现在以下方面：

（1）社会人口变化的趋势

社会人口变化的趋势主要包括人口老龄化、女性旅游者增多、旅游者教育程度越来越高等。

1）人口老龄化的趋势。一方面，随着世界各国经济的发展，人们用于医疗保健支出的增加以及生活条件的改善，人们的预期寿命会越来越长；另一方面，在一些工业化发达国家，人口呈现低增长率或负增长率，这种状况改变了人口的组成结构，导致平均年龄的增长。因此，人口老龄化是世界性趋势。

知识链接

按世界人口学界现行规定的标准，一国人口中，60 岁以上老年人人口占总人口数的比例超过 7%，即为老年型国家。预计到 2025 年，世界老年人比例将增长一倍多，占人口比重将超过 20%。老年人是经济发达国家拥有自由支配收入和闲暇

最多的社会阶层，随着世界人口的不断老龄化，在旅游者队伍中，“银色”旅游者已构成一个巨大的亮点，并且呈现出迅速扩大之势。

英国一家咨询公司B&P发布的对欧洲旅游发展趋势调查表明，老年人旅行的数量在不断增加，60岁以上的老年人平均每人每年至少旅行2.3次，70岁以上的老年人平均每人每年至少旅行1次。报告指出，2010—2020年对世界旅游业影响最大的人群将是1945—1960年出生的人。

2）女性旅游者增多。由于世界越来越关注妇女的社会地位，妇女中就业人数也在不断扩大，女性将逐步摆脱琐碎的家务劳动和家庭的束缚，向从事社会劳动方向发展。这不仅导致了家庭收入的提高，同时，由于妇女社会地位的提高和经济收入的增加，也促使她们走出家门，进行旅游活动。从20世纪80年代起，女性赴海外旅行的人数在逐渐增加。近几年，日本妇女外出旅游的人数增长率已经超过了男性。

3）旅游者教育程度越来越高。教育程度的高低，对外出旅游的兴趣也有一定的影响。受过大学教育的人比只受过中学教育的人更喜欢旅游。随着教育水平的提高，人们对旅游的兴趣与需求也会提高。

（2）闲暇时间变化的趋势

随着社会劳动生产率的不断提高，人们的闲暇时间将增加。据统计，美国在1850年，平均周工时为70小时。40年后这一指标缩短到53小时，再后来为50小时，日工作时数从12小时减到8小时，每周工作日从7天减少到了5天。并且法定假日越来越多，带薪休假制度越来越完善，在将来，更长的假期，更多的假日，更短的周工作时间，对旅游的影响很大，而这种趋势还将继续。

知识链接

·法国：一年1/3时间在度假

法国《劳动法》规定，正常工作满1年后，就可享受5周的年假，除年假及周末两天的休息日以外，法国人每年还有11天的法定假日——元旦、“五一”、国庆、第一次世界大战停战日、第二次世界大战停战日以及6个宗教节日。

·日本：带薪假期随着工龄增长

日本《劳动基本法》规定，出勤率在80%以上或连续工作6个月以上者，每年可享受10天的带薪休假。6年工龄以上者，每年可以有20天的带薪假期。企业还自己规定有婚丧假、产假、临时停产假、志愿者休假等有薪假日，日本公务员带薪休假时间一般在30天以内。

（3）旅游需求变化的趋势

随着人们生活水平的不断提高和消费观念的变化，旅游需求也在不断变化。从世界旅游的发展来看，人们的旅游消费需求从最早的单一观光型，发展到观光、休闲度假型，并逐步呈现需求多元化的趋势。从20世纪80年代开始，人们不再满足于走马观花式的旅游方式，而是注重旅游的参与和体验，追求的是新奇的旅游经历，重视其文化价值。随着人们旅游消费意识的转变，散客旅游，尤其是家庭旅游将成为全球流行趋势。

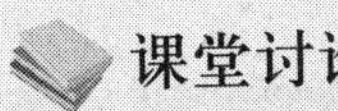

课堂讨论

请大家算一算，我国一年的休假时间有多少天？

4．可持续发展将成为未来旅游业发展所追求的永恒主题

长期以来，旅游业被称作“无烟产业”，投入少，见效快，而得到迅速发展。但发展旅游业也是一把“双刃剑”，在带来经济发展的同时，也给当地带来消极影响。如使当地水和空气质量下降，历史古迹受到破坏，自然环境和生态系统受到破坏等。

随着人们对旅游业认识的深入，可持续发展思想改变了旅游的发展模式，不再单纯地注重经济利益，而是要确保在从事旅游开发的同时，不损害后代人为满足其旅游需求而进行开发的可能性。目前，可持续发展已经深入人心，世界各地不同旅游企业都在积极探讨旅游可持续发展模式，如景区规划开发向绿色旅游、生态旅游方向发展，重视维护当地的生态环境和人文环境；旅游饭店向“绿色”饭店发展，采用“绿色”材料，主张“绿色”消费；重视对旅游者的环保教育，生态旅游者人数越来越多。总之，可持续发展成为旅游业发展的永恒主题。

5．全球旅游的障碍越来越小

目前，各国为大力发展旅游业，增加外汇收入，实行各种政策来吸引国外游客，其中互免旅游签证是一重大举措。随着各国对旅游业的重视，会为发展旅游提供更多的无障碍通道。

知识链接

免签证，即从一个国家到另外一个国家不需要签证，可停留7天至6个月不等。通常是双边的。

落地签证，即从一个国家到另外一个国家不需要签证，但需要在到达机场申请进入许可，通常是单边的。

第二节　我国旅游业发展现状和趋势

我国旅游业起步较晚，虽然在1949年成立了新中国第一家旅行社，但在20世纪50年代初至十一届三中全会之前的近30年间，我国旅游业一直属于外事接待的范畴，主要是从事民间友好往来的活动。那时的旅游业并没有真正形成一个完整的产业，旅游设施总体规模很小，结构单一。

知识链接

1964年中共中央决定成立中国旅行游览事业管理局，并明确了发展旅游事业的方针政策是“扩大对外政治影响”“为国家吸取自由外汇”，中国旅游事业开始发展。

1965年，全国接待外国旅游者12 877人次，创历史最高纪录。

1976年，全国接待外国旅游者近5万人次，比1975年翻了一番。

1978年是我国旅游业发展的转折点。1978年3月，中共中央批转《关于发展旅游事业的请示报告》，提出将中国旅行游览事业管理局改为国务院直属的管理总局，各有关省、自治区、直辖市成立旅游局，成立旅游事业领导小组等意见。1978年，来华旅游入境人数180.9万人次，位居世界第48位，其中外国人23万人次；旅游创汇2.63亿美元，位居世界第41位。

经过不断发展，我国旅游业从无到有，从小到大，并形成了“以入境旅游为主体，以主要旅游城市为依托，以团队路线产品为运行方式，以获取旅游外汇为目的旅游产业体系”，产业规模不断壮大，成为国民经济中发展速度最快的行业之一，同时也是具有明显国际竞争优势的产业之一。

我国的旅游发展经历了一个漫长的过程。从单一入境旅游到入境旅游、国内旅游两个市场，再到入境旅游、国内旅游、出境旅游三个市场的发展过程，旅游逐渐加重其占国民经济总产值的比重，已成为具有相当经济规模的产业。

一、我国旅游业的发展现状

1. 我国旅游业产业政策概况

1978年开始转换机制，发展产业型旅游业。1984年中央提出“国家、地方、部门、集体、个人一齐上，自力更生与利用外资一齐上”的旅游建设方针，揭开了全方位发展旅游产业的序幕。1986 年国务院决定将旅游业纳入国民经济与社会发展计划，正式确立其国民经济地位。1992 年中央明确提出旅游业是第三产业中的重点产业，之后，中共中央提出的《关于制定经济和社会发展“九五”计划和 2010 年远景目标纲要的建议》，旅游业被列为第三产业积极发展新兴产业序列的第一位。1998 年中央经济工作会议提出旅游业作为国民经济新的增长点。目前，31 个省（自治区、直辖市）把旅游业定位为支柱产业，其中 24 个定位为战略性支柱产业。

2．我国三大旅游市场发展概况

（1）入境旅游

新中国成立初期到改革开放期间，受国际政治经济环境及国内因素的影响，我国入境旅游业的发展极为缓慢。20 世纪五六十年代，我国旅游接待工作的主要任务是接待友好国家的团体和友好人士，为其提供民间交往的通道。这使得入境旅游人数及其带来的外汇收入都非常少，如 1978 年中国国际旅游接待人数仅为 180 万人，占世界旅游接待人数的 0.7%，国际旅游外汇收入为 2.6 亿美元，占世界旅游外汇收入的 0.038%。1978 年以后，在改革开放政策的推动下，我国入境游迅猛发展；近年来，随着我国旅游业的国际影响力不断提升，旅游规模和人数更是得到了空前的发展。如 2015 年入境旅游在近 3 年来首次出现增长，接待入境旅游 1.33 亿人次，较上一年增长 4%，入境旅游外汇收入 1 175.7 亿美元，同比增长 0.6%。

（2）国内旅游

我国国内旅游业是在改革开放以后逐渐起步，随着国民经济的发展，国内居民所拥有的可支配收入和闲暇时间增多。特别是 1995 年 5 月 1 日，我国实行五天工作制；1999 年新的《全国年节及纪念日放假办法》规定，将春节、“五一”、“十一”的休息时间与前后的双休日拼接，形成 7 天长假“黄金周”的正式诞生；以及 2008 年《职工带薪年休假条例》正式实施，增加了清明、端午、中秋三个“小长假”……这些规定，使得国内旅游迅速发展，形成了外出观光度假的旅游热潮。

知识链接

我国最早提出发展国内旅游是在 1981 年，随后在 1984 年 7 月 27 日，中共中央办公厅、国务院办公厅转发了国家旅游局《关于开创旅游工作新局面几个问题的报告》的通知，对国内旅游，强调要加强管理，指出：“随着人民生活水平的不断提高，参加国内旅游的人越来越多，国家旅游局和各级旅游行政管理部门要加强领导和管理。”

1998 年，中国居民参与国内旅游活动的人数达到 6. 9 亿人次，成为世界最大的国内旅游市场国；国内旅游收入已占我国旅游总收入的 2/3，其发展势头十分迅猛。

（3）出境旅游

随着国民收入的逐步提高，出境旅游渐成时尚。1997年3月，国家旅游局、公安部颁布《中国公民自费出国旅游管理暂行办法》，标志着我国出境旅游市场的形成。从2013年的统计数据来看，中国出境游市场已经达到9 818万人次，接近1亿的规模。从境外消费来看，中国出境市场的消费在境外已经达到1 287亿美元的规模。从横向的比较来看，在2012年，中国的出境消费已经超过了德国和美国，成为世界第一。

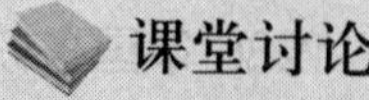

课堂讨论

我国国内旅游为什么能够迅速发展？有哪些影响因素？

中国公民自费出境旅游包括出国旅游、边境旅游和港澳台游三部分。

二、我国旅游业的发展趋势

1. 旅游产业结构渐趋完善

优化旅游产业结构是我国旅游业发展中所面临的重要任务，也是我国旅游业发展的重要趋势。

（1）行业结构渐趋优化

行业结构的优化就是通常所讲的行、游、住、食、购、娱这六大要素之间的优化。从分析我国旅游业的发展历程来看，20世纪80年代这六大要素全面制约了旅游的发展，而后始终存在短线制约，最初的制约点是饭店，后来是交通，进入20世纪90年代，短线制约大大缓和，现已基本不存在，但薄弱环节仍然存在。就近几年的旅游发展来看，长途交通和娱乐的比重在增加，住宿和餐饮的比重在下降，而购物相对稳定，但逐步在改善。购物目前是行业结构调整的薄弱环节，各地都在积极探索，如江苏省旅游局已经设立了旅游纪念品开发专项基金；泰安组织了旅游纪念品设计大奖赛等。

（2）市场结构优化

市场结构优化，一是指入境游、国内游和出境游三大市场的结构优化；二是指国内市场，形成本地市场、周边市场和远距离市场的多元格局。

长期以来，我国旅游业的发展是以入境旅游为主体，以赚取外汇为目的，但随着国内旅游的兴起，出境旅游也开始起步，我国的旅游市场格局发生了转变，不再是入境市场一枝独秀，而是逐步培育了三大市场。

（3）产品结构渐趋优化

产品结构优化的目标是产品的多样化，即观光旅游、度假旅游和特种旅游这三大旅游产品结构的优化。目前，我国旅游产品的结构还不尽合理，主要是以观光旅游为主，度假旅游刚刚开始，特种旅游市场潜力很大。

课堂讨论

我国发展旅游的政策为什么对出境旅游和国内旅游做了调整？

因此，今后的发展趋势就是这三种产品平衡协调发展，度假旅游和特种旅游比重上升，而观光旅游的比重相对下降。

2．从旅游大国向旅游强国迈进

随着我国三大市场的不断发展，旅游接待体系不断完善，旅游产业不断提升，已经实现了从旅游资源大国向世界瞩目的旅游大国转变，并逐步向世界旅游强国迈进。近年来，我国经济的不断发展，居民人均收入的不断提高，闲暇时间的不断增加，不仅使得我国国内旅游得以蓬勃发展，也使得我国的出境旅游市场迅速形成。截至 2014 年，中国已成为世界第一大国际旅游客源输出国，成为世界上最大的旅游支出国。

知识链接

据有关专家预测，到 2020 年，中国海外旅游人数将超过 21 000 万人次，旅游外汇收入 580 亿美元以上，国内旅游将达到 29 亿人次以上，旅游收入将达 20 400 亿元人民币以上。旅游业总产出将达到 2.5 万亿元人民币以上，在国内生产总值的比重将提高到 8% 左右。

3．旅游区域合作更加凸显

我国旅游业在发展过程中，越来越意识到区域合作的重要性，打破行政区划的限制，实现资源共享、优势互补、共同发展。

早 20 世纪 80 年代早中期，旅游区域合作在部分省、自治区、直辖市就有过尝试。进入 21 世纪，随着旅游市场的巨大变化，旅游区域间协作的话题又被重新提上议事日程。

4．旅游活动向主题旅游、高端旅游转化

随着旅游活动的不断深入，主题旅游成为趋势，自 1992 年以来，我国为了向海外宣传旅游资源，同时引导旅游消费，推出了各种主题游。随着主题游的推出，我国的旅游资源开发、旅游线路设计、旅游设施建设等，都在不同程度地向主题化发展。

知识链接

历年的主题旅游

1992 年，友好观光游。

1993 年，中国山水风光游：国家旅游局推出黄山、黄果树、长白山、拉萨、桂林五个汇合点。

1994 年，中国文物古迹游：国家旅游局推出中国文物古迹游 14 条专线。

1995 年，中国民俗风情游：北方风情；中原民俗画廊；大漠丝路情怀等。

1996 年，中国度假休闲游：卫星基地游（四川西昌、陕西西安）；自行车旅游（北京、西安、山东、福建、江苏、天津）；漂流旅游；狩猎旅游等。

1997 年，中国旅游年：国家旅游局推出 16 条中国旅游专线。

1998 年，华夏城乡游：古城新貌系列旅游。

1999 年，生态环境游：生态旅游精选。

2001 年，体育健身游。

2002 年，民间艺术游。

2003 年，中国烹饪王国游。

2004 年，百姓生活游。

2005 年，红色旅游。

2006 年，乡村游。

2007 年，城乡互动游。

2008 年，奥运旅游。

2009 年，中国生态旅游年。

2010 年，中国世博旅游年。

2011 年，中华文化游旅游年。

2012 年，中国欢乐健康游。

2013 年，中国海洋旅游年。

2014 年，智慧旅游年。

2015 年，美丽中国丝绸之路旅游年。

2016 年，丝绸之路旅游年。

5．旅游发展模式的国际化趋势

经济发达国家的旅游发展模式一般是先发展国内旅游，再发展入境旅游，而后发展出境旅游。而我国旅游发展所走的是一条完全不同的道路，超前在国民经济体系中发展国际旅游。进入 20 世纪 90 年代以来，随着国内经济的长足发展和人们生活水平的不断提高，国内旅游开始兴起，并迅猛发展。近几年，出国旅游方兴未艾，使中国旅游的发展模式产生了根本性的变化。为了与国际旅游接轨，我国旅游业有以下发展趋势：

（1）企业运营体制的国际化趋势

这主要体现在旅游企业管理制度的现代化趋势，即通过建立现代企业制度，使旅游企业逐步形成一种国际化的运营机制，以及发展政策的国际化趋势，即采用国际上惯用的和成功的发展政策来激励旅游投资和企业的发展。

（2）营销机制的海外联动趋势

现在我国各类驻外机构很多，但是，它们之间相互配合不足。实际上各种驻外机构都应该具有宣传我国旅游政策的职能，如果将这种力量组合凝聚起来，就可以形成一个海外联动的营销机制，这将有力地扩大中国在国际上的影响。

6．法制体系的规范化趋势

（1）旅游立法体系化

旅游立法体系包括以下六个方面的法律和规章：

1）国家大法。国家大法现在正在逐步建立和完善，其中涉及市场经济的很多，如公司法、反不正当竞争法、价格法等，这些大法对旅游业的发展起着决定性的作用。

2）旅游法。“旅游法”的概念出现于20世纪50年代末60年代初，日本、韩国、巴西、墨西哥、英国、美国等国，根据本国的具体情况，相继制定了专门用于调整旅游活动领域中各种社会关系的法律、法规。同时，世界上一些国家和旅游组织还签订了一批国际旅游公约、条约和协定，使旅游立法工作日趋完善。《中华人民共和国旅游法》（以下简称《旅游法》）经2013年4月25日十二届全国人大常委会第二次会议通过，2013年4月25日中华人民共和国主席令第3号公布。《旅游法》分总则、旅游者、旅游规划和促进、旅游经营、旅游服务合同、旅游安全、旅游监督管理、旅游纠纷处理、法律责任、附则共10章112条，自2013年10月1日起施行。这是我国的第一部旅游法，明确规定了各主体的权利、义务和责任，为旅游业的发展创造了良好的法律环境，保证了旅游业工常有序的发展，维护了旅游者的合法权益。

3）国务院制定的法规。目前，涉及旅游业的只有《旅行社管理条例》和《导游人员管理条例》。国务院制定的法规操作性较强，其相关条例的建立可以起到一定的市场规范作用。

4）地方旅游管理条例。现在全国各个省市基本上都出台了旅游管理条例，基本上形成了省级法制体系，这也为全国性的旅游法规的建立奠定了基础。

5）旅游部门规章制度。包括一些规定和技术标准，现在正全面开展，是行业中遵循得比较多的。

6）其他部门的相关法规。

这六个方面的法律和规章，互相补充，互为基础和条件，形成了一个完整的法制体系。

（2）旅游执法权威化

1）旅游质量监督管理制度。已经形成体系较完整的国家、省、市三级旅游质量监督管理所，作为授权管理的执法队伍，在逐步发挥作用。

2）旅游警察制度。这是一些地方学习泰国采取的一种创新方式。旅游警察制度建立起来之后，将形成一支机动的旅游执法队伍。还有的地方建立了旅游流动法庭制度，现场解决纠纷。

3）部门联动的执法方式。由于旅游执法力度弱、手段少，所以需采取部门联动的方式，即旅游部门、公安部门、工商部门等联合执法。实际上是借助工商的法规和公安的手段来加大旅游市场的执法力度，维护旅游市场的秩序。

思考与练习

1．世界旅游业的发展趋势是怎样的？
2．我国旅游业的发展现状及发展趋势是怎样的？